사업과 사역에의 두 가지 부르심

하나님이 관심 두시는 사업

피터 추카히라 지음 / 신이철 옮김

도서출판 창조

예수께서 가라사대

"어찌하여 나를 찾으셨나이까

내가 내 아버지 집에 있어야 될 줄을

알지 못하셨나이까"

하시니

누가복음 2장 49절

사업과 사역에의 두 가지 부르심

하나님이 관심 두시는 사업

초판 인쇄일 / 2002년 10월 9일
초판 발행일 / 2002년 10월 12일

지은이 / 피터 추카히라
옮긴이 / 신이철
발행인 / 이옥기
발행처 / 도서출판 창조(등록 제 44호)
주　소 / 경기도 수원시 권선구 입북동 412-5
연락처 / 전화 02)556-7203　팩스 031)295-0916
보급처 / 예영커뮤니케이션
　　　　서울시 성북구 성북1동 179-56번지
　　　　전화 02)766-7912　팩스 02)766-7913

ⓒ 2002 창조 Printed in Korea

값 7,000원
ISBN 89-950602-4-7 03230

이 책을 나의 부모님인,

토시오 추카히라 박사님과 릴리 추카히라에게 바칩니다.

두 분은 진실한 사랑으로 나의 유년 시절을 가꾸어 주셨습니다.

그리고 내 아내 리타에게도 이 책을 바칩니다.

아내의 끊임없는 지원과 격려 때문에 이 책이 나올 수 있었습니다.

목차

저는 모든 크리스천 분들에게 특히 사업계 안에서 일하고 계시는 크리스천 분들에게 피터 추카히라 목사님의 저서인 "하나님이 관심 두시는 사업"을 읽어보시기를 강력히 추천합니다.

이 책은 자신의 부르심이 무엇이든 관계없이 자신의 전문 영역 안에서 일하고 있는 모든 크리스천들에게 바로 당신이 그 영역 안에서 예수 그리스도의 빛을 비출 수 있다고 우리를 격려하고 있습니다.

당신은 당신이 일하고 있는 그곳에서 다른 이들이 바라보는 '예수' 일 수도 있습니다. 그리고 당신이 비추는 그 빛은 일상의 '사업' 이 진행되는 그 일터에서 가장 찬란히 빛날 수 있습니다.

이 책을 통해 예수님께서 자신이 하나님 아버지의 사업을 하셨다고 말씀하신 의미를 배우시기를 바랍니다. 우리가 주님의 뒤를 따를 때 우리 하나님 아버지의 사업을 할 필요가 있습니다.

여의도 순복음교회 당회장

조용기 목사

우리는 물질 문명의 시대에 살고 있습니다. 자본주의적인 이념과 가치가 모든 인간의 삶의 근거가 되며 행복의 척도가 되는 시대에 살고 있습니다. 이러한 시대에 살면서 물질적인 이윤을 추구하는 사업과 경제 행위가 그리스도인의 신앙의 실천과 상반되고 배치되는 것이 아닌가 하는 의문을 갖게 됩니다.

오랫동안 기독교는 물질과 신앙을 분리하는 이원론적인 입장을 고수한 채, 물질적인 이윤 추구와 모든 상업적인 경제 활동에 대해 부정적인 편견을 가져온 것이 사실입니다. 특히 우리 한국 사회에서는 물질적인 부의 축적이 자칫 사회적인 불의의 온상처럼 비쳐지고 있는 실정입니다. 뿐만 아니라 오늘날 한국 교회의 문제가 기복 신앙에 있다는 비판이 따가운 이때에 사업과 복음을 연결하며, 사업을 하나님의 선교의 일과 결부시키는 것은 우리들에게 새로운 도전입니다.

과연 하나님의 일은 교회 안에 국한되며, 전문적인 교역자들에게만 위임된 일일까? 그리스도의 몸을 이루는 지체들 중에서 사업가나 전문 경영인들이 오히려 교역자들보다 더 효과적인 사역을 수행하는 것은 아닌가? 그들의 지식과 전문적인 기술이 더 교회의 발전을 위한 유익과 도움이 되는 것은 아닌가? 하나님의 선교는 오히려 전문 교역자들보다, 경제계 안에 있는 기업인이나 직장인들이 더 효과적으로 수행할 수 있는 것이 아닌가? 더 나아가서 사업과 사역을 통전적으로 수행하는 것이 훨씬 더 하나님의 선교에 이바지하는 것이 아닌가?

이 책은 이러한 질문들에 대한 분명한 해답을 제시하고 있습니다. 하나님의 사업은 세상에서의 다양한 섬김 가운데 이루어지며, 특히 경제계에 종사하는 전문 경영인과 사업가, 또는 직장인들을 통해 더욱 활발히 수행되고 있습니다. 그런 점에서 그리스도인의 경제 활동은 단순한 이윤 추구가 아니라 하나님의 선교를 위한 선교의 매체이며, 경영인이나 사업가는 하나님이 파송한 경제계 안에 있는 선교사들이라는 것입니다. 저자는 이러한 관점에서 하나님의 일을 세상적인 사업과 연결시키고 있습니다. 특히 목회 사역과 사업을 같이 하는 저자의 독특한 경험에서 나오는 책의 다양한 내용들은 사업에 종사하는 그리스도인들에게 훌륭한 영적 지침서가 되리라고 봅니다. 신앙과 사업을 분리시키는 것이 아니라, 성경적인 원리를 사업에 그대로 적용하여

추천의 글

그 사업이 하나님의 사업이 되고, 선교의 현장이 되는 것을 말하면서 저자는 우리들의 신앙을 일깨워 주고 있습니다.

나는 이 책이 우리 한국 교회의 물질에 대한 바른 이해뿐만 아니라, 그리스도인 사업가나 경제인들이 그들의 사업에 대한 분명한 목적을 가지고 하나님 중심의 경영을 하는 데 기여하리라고 의심치 않습니다. 특히 원문에 충실한 번역은 자칫 번역한 책들이 주는 지루함이나 모호함을 없애고, 책을 읽는 즐거움을 더해 주리라고 확신하며, 이 책을 추천합니다.

동부교회 당회장

강경신 목사

지금 당신은 '사역'과 '비즈니스'에 대한 이해를 완전히 뒤바꾸고 더 나아가 당신의 삶을 변화시킬 수 있는 책 한 권을 손에 들고 있습니다.

이 책은 위의 두 영역에서 오랫동안 일하며 체득한 저자의 통찰력이 잘 기술된 책입니다. 피터 형제는 복잡한 요소들을 쉽게 이해할 수 있도록 했을 뿐 아니라 더욱 중요하게는 우리에게 진리를 가르치고 있습니다.

어떤 이들은 '무엇인가 새로운 것'이 이 책에 드러나 있다고 말할지도 모릅니다. 그러나 성경적인 진리가 그러하듯이 이 책에서 가르치는 진리 또한 전혀 새로운 내용이 아닙니다. 굳이 새로운 것이 있다면, 그것은 이 책에서 다루는 주제가 오늘을 사는 우리에게 유효적절하게 제시되는 방식에 있습니다.

그런 점에서 저는 이 책을 추천하고 싶습니다. 이 책을 꼼꼼히 읽고 또 당신의 것으로 소화하십시오.

이 책은 당신이 어떤 일의 전문가로서 삶에서 부여받은 하나님의 사역을 수행하는 데 엄청난 축복의 근원이 될 것입니다.

국제기독실업인 협회 회장 겸 설립자

제이 거나 올손

역자의 글

　　'사업을 통한 선교'라는 새로운 패러다임으로 F.M.B(Frontier Mission Through Business)에 몸담아 온 지 벌써 7년이 지났습니다. 하나님께서 이 일에 저를 부르셨다는 확신은 있었지만 단지 15년간의 직장 생활 뒤에 선교나 사업에 대한 충분한 경험과 신학적 논리가 부족한 상태에서 달리다보니 많은 시행착오를 겪을 수밖에 없었습니다. 하지만 한편으로는 이 시기에 새로운 세상과 새로운 가능성을 접할 수 있었습니다.

　　제가 피터 추카히라 형제님을 만난 것은 4년여 전 이스라엘에서 열린 국제 YWAM의 CEED(Center for Entrepreneurship and Economic Development)세미나 때였습니다. 피터 형제님은 사업가이자 사역자로서 그동안 사업과 선교라는 이중의 과제와 씨름하던 제게 한줄기 빛처럼 많은 의문과 혼돈의 어두운 그림자를 걷어버리는 통찰력을 보여 주셨습니다.

　　이 책은 새로운 21세기에 사업계로 부르심을 입은 많은 크리스천들에게 어떻게 자신의 직업적 전문성을 고도로 유지하면서 하나님 나라의 확장이라는 주님의 지상대명령을 달성해 나갈 수 있는지에 대해 저자의 풍부한 사업 경험과 성경에 대한 깊은 이해를 통한 놀라운 지혜를 제시하고 있습니다. 사업을 통한 하나님 나라의 확장은 기본적으로 사업의 성공을 전제하는바, 성공의 새로운 정의와 기본 요건들 그리고 성공하기 위해 갖추거나 변화되어야 할 우리의 자세들에 대해 말하고 있을 뿐 아니라 궁극적으로 주님께서 우리를 통해 이루기 원하시는 가장 중요한 사업이 무엇인지를 깨닫도록 도와주고 있습니다.

'세계화' 라는 명제와 함께 시작된 21세기에는 정보통신, 생명공학, 나노 기술 등 최첨단 기술의 급속한 발전에 따라 물질주의와 세속화가 가속화 될 것이며 이에 따라 이방 가운데 하나님 나라를 확장하라는 주님의 명령을 수행하기 위해서는 특별히 비즈니스 영역 안에서 부르심을 받은 크리스천 형제 자매들의 적극적 헌신이 필요합니다. 사업과 사역에의 이중 부르심 가운데 서 계신 모든 분들께 이 가슴 벅찬 그러나 고통스러울 수 있는 새로운 항해에 믿음의 배를 띄우시기 권면하며 이 한 권의 책이 여러분의 여정에 좋은 동반자가 되길 기원합니다.

F.M.B. 대표

신이철

들어가는 글

무역과 상업은 여러 세대에 걸쳐 사단이 활동하고 있는 영역이다. 그래서 거의 모든 사람들이 사단은 살아 있고 지금도 사업계에서 왕성하게 활동하고 있다고 생각한다.

많은 학자들은 에스겔서의 예언에 등장하는 '두로왕'이 사단을 가리키고 있다고 믿는다.

> 네가 지음을 받던 날로부터 네 모든 길에 완전하더니 마침내 불의가 드러났도다 네 무역이 풍성하므로 네 가운데 강포가 가득하여 네가 범죄하였도다 너 덮는 그룹아 그러므로 내가 너를 더럽게 여겨 하나님의 산에서 쫓아내었고 화광석 사이에서 멸하였도다(겔 28:15-16).

예수님께서는 마귀에게 시험을 받으신 적이 있다. 그때 마귀는 예수님을 향해 자신에게 엎드려 경배하면 천하만국을 다스리는 권세뿐 아니라 모든 영광을 주겠다고 제안했다. 하지만 예수님께서는 마귀의 유혹에 응하지 않으셨다(마 4:8-9).

예수님께서는 자신의 왕국이 '이 세상'이 아님을 아셨다. 그리고 오직 하나님만 경배하셨다. 요한계시록에 따르면, 마지막 때에 사단의 대리인인 적그리스도가 전 세계 경제계를 지배하는 권세를 얻을 것이고, 그의 승인이 없이는 아무도 사업을 할 수 없을 것이라고 했다.

> 저가 모든 자 곧 작은 자나 큰 자나 부자나 빈궁한 자나 자유한 자나 종들로 그 오른손에나 이마에 표를 받게 하고 누구든지 이 표를 가진 자 외에는 매매를 못하게 하니 이 표는 곧 짐승의 이름이나 그 이름의 수라(계 13:16-17).

그러면 하나님 나라의 자녀들인 우리는 경제계 안에서 어떻게 살아남고 또 발전할 수 있을까? 이 세상은 과연 하나님의 계획대로 구속될 수 있을까? 지난 수 세기 동안 교회는 기업 정신과 관련된 영적 전쟁에서 쫓겨 퇴각하고 말았다. 많은 사역자들은 교회의 안전한 성소에 머물러 있으면서 재물(Mammon)이 공의롭지 않다는 식으로 비난만 하고 있다. 다른 사람들도 영적 전쟁은 회피하면서, 도덕적으로 바르게 재산을 모았는지에 관계없이 최고의 가격을 제시하는 부유한 자들에게 구원의 복음을 장사하듯이 팔고 있다.

이 책의 목적은 경제계 안에 있는 그리스도인들이 직면하고 있는 몇 가지 논쟁들에 대해 분명한 답변을 제시하고 그들이 전 세계 복음화의 사명과 사역들에 참여하도록 돕는 데 있다.

오늘날 많은 교회들은 자신들의 후원을 받고 전임으로 일하는 사역자만이 올바른 자격을 갖춘 사역자라는 믿음을 고집하고 있다. 이 뿌리 깊고 잘못된 생각들이 사업가들과 사업가들을 섬기는 목회자들 사이에 커다란 문화적 간격을 만들어냈다.

경제계 안에 있는 그리스도인들은 종종 자신들이 교회 지도자들로부터 온전한 이해를 받지 못하고 있다고 느낀다. 사역에 필요한 재정을 돕거나 사역 행정을 효율적으로 수행하도록 도울 수 있는 그들의 유용성에도 불구하고, 사역 그 자체를 위한 사업가들의 개인적 잠재력은 과소평가되거나 제대로 활용되지 못하고 있다.

오늘날 하나님의 사람들 사이에서 커다란 필요가 떠오르고 있는데, 그것은 사업계에 종사하는 사람들이 자신들의 영적인 부르심을 발견하도록 돕는 것과 그들을 훈련시켜서 예수님의 지상 대명령(마태복음 28:18-20)을 창조적으로 수행할 수 있도록 돕는 것이다. 우리는 하나님으로부터 사업계에서 일하라는 부르심과 또한 가정이나 선교 현장에서 일하라는 부르심을 함께 받을 수도 있다. 한 명의 그리스도인이 사업과 사역을 동시에 성공시키는 것이 진정 가능한 일인가? 그렇다. 사업과 사역은 그 성격이 아주 다르지만 적절한 훈련과 제자화를 통해 그 둘을 통합할 수 있다. 이 책의 내용들은 사역자들과 사업에 종사하는 그리스도인들이 이러한 이해를 함께 나눌 수 있도록 도울 것이다.

하나님이 관심 두시는 사업

Part One

사업을 시작하다

　　　　　　방 안 어디선가 벨이 울리고 있었다. 익숙하지 않은 소리였다. 칠흑 같은 어둠 속에서 눈을 떴다. 나는 침대에 누워 있었다. 내가 어디에 있지? 내가 여기서 무엇을 하고 있지? 나는 새벽녘의 몽롱한 정신을 가다듬어 생각을 정리하려고 애썼다. 그리고 기억이 났다. 나는 아시아의 어느 나라 수도에 있었다. 지난 밤 공항에서 택시를 타고 늦게 호텔에 투숙했다. 이 도시는 이번 출장의 마지막 지역이었다. 호텔 방 창문에 걸린 두꺼운 커튼은 한줄기 빛도 들어오지 못하도록 유리창을 막고 있었다.

　호텔 밖에서 차량의 소음 소리가 들려왔다. 새벽 6시. 아침 7시 30분에 잡아 놓은 조찬 약속이 생각났다. 나는 침대에서 일어나 전등을 켰다.

　지난 한 달 동안의 출장으로 몸이 많이 피곤했다. 이곳에서 나는 우리 회사 제품을 팔아줄 판매상과 신규 계약을 체결하고 나서 중요한 정부 프로젝트에 응찰할 예정이다. 나는 광섬유 통신 장비 제조업체의 지역 판매 책임자다. 내가 담당하는 지역은 뉴질랜드에서 한국까지다.

이 나라는 내가 이번 출장에 다녀가는 다섯 번째 국가였고 그동안 이미 셀 수 없이 많은 업무 회의를 가졌다. 나는 세면을 하고 넥타이 정장을 한 뒤에 로비에 있는 식당으로 향했다.

거기서 아침 약속을 한 사람과 만났다. 그는 자국 정부와 다른 고객들에게 하이테크 제품을 공급하는 회사의 대표였다.

"당신네 회사가 우리 정부와 계약을 체결할 수 있도록 내가 애써보겠습니다." 사장이 자신 있다는 투로 말했다. 나는 그를 응시하면서 물었다. "어떻게 하시게요?"

"그쪽에 우리 사람이 있어요. 의사 결정권이 있는 관리와 꽤 가깝지요." 게다가 사장은 자기 회사의 지명도면 충분히 계약을 따낼 수 있을 것이라고 장담했다.

나는 그의 제안에 동의했다. "좋습니다. 저희가 가능한 한 빨리 전시 장비를 선적하고, 계약서 양식은 팩스로 보내겠습니다."

택시를 타고 공항으로 가는 동안에 비가 내렸다. 나는 그 회사 사장이 내게 했던 말을 다시 생각해보았다. 의사 결정권이 있는 관리와 가깝다는 것이 정확히 무엇을 의미하는지 궁금했다. 이번 프로젝트는 우리 회사가 50만 달러 상당의 제품 공급 계약을 체결하는 것인데, 제품의 최종 사용처는 정부기관이다. 그런데

이 계약을 성사시키기 위해 불법적인 시도를 하다가 잘못 되면 계약건을 놓칠 수도 있었다. 그렇게 될 경우 일은 거기서 그치지 않을 것이다. 우리는 더 이상의 이곳 정부 사업에 참여할 수 있는 기회마저 잃고 말지도 모른다.

내가 이 분야에서 여지껏 쌓아놓은 경력도 이 일로 인해 한순간에 무너지고 말 것이다. 그렇다면 그 사장에 의해 도대체 어떤 일들이 진행될지 어떻게 하면 알아낼 수 있을까?

그 이후 여러 주 동안 나는 그 거래처 회사 사장에게 '가까운 관계'라는 것이 무슨 의미인지 전화와 팩스를 통해 물어보았다.

처음에 그는 단순히 자신의 친구라는 의미였다고 했다. 그리고 그것이 가족 관계라는 것을 넌지시 암시했다. 나는 아시아에서 친구 관계가 얼마나 중요한지 잘 알고 있었지만 무언가 일이 잘못 진행되는 것 같다는 불안감을 지워낼 수 없었다. 그러나 잘못되고 있다는 증거를 찾는 것은 어려운 일이었다. 엎친 데 덮친 격으로, 우리가 판매 대행사를 선정하는 과정에서 탈락한 다른 회사의 사장은 우리 집에 전화를 걸어 자신들에 대한 회사의 결정이 불공정했다고 비난하면서 무슨 스를 써서라도 이번 프로젝트가 이루어지지 않게 하겠다고 협박까지 하고 나섰다.

계약 관련 심사가 마무리되어 갈 때 쯤, 나는 우리와 거래하는 회사가 의사 결정권 자 가운데 한 사람에게 돈을 주었거나 아니면 적어도 우리가 최저 입찰 업체가 되도록 정보를 제공하면 계

사업을 시작하다

약 후 돈을 지급하겠다고 약속했다는 사실을 확인할 수 있었다.

입찰 결과가 공개되었다. 하지만 우리가 제시한 금액은 두 번째로 낮은 금액이었다. 제일 낮게 응찰한 회사는 바로 우리의 입찰을 막겠다고 공언한 우리가 거절한 그 회사였는데, 가격이 덤핑이라고 할 만큼 터무니없이 낮은 금액이었다.

결과적으로 모든 것이 분명해졌다. 우리의 거래처 회사는 거짓말을 한 셈이 되었다. 그는 우리의 입찰 금액을 최저로 하기 위해 내부 정보를 수집했지만, 우리의 경쟁 업체가 더 나은 정보원을 확보했거나 아니면 같은 사람에게 더 많은 돈을 지급하겠다는 약속을 했거나 둘 중의 하나였다. 우리는 수 개월 동안 공을 들여온 프로젝트를 놓치고 말았다. 나는 프로젝트를 따내지 못했을 뿐만 아니라, 미처 알지 못하는 사이에, 아니 적어도 어느 정도는 인지한 상황에서 비윤리적인 사업 협상에 관련되어 양심을 더럽히고 그리스도인으로서 바르지 못한 행동을 했다는 사실 때문에 곤경에 처하고 말았다.

나는 주님께 잘못을 고백하고 회개의 기도를 드렸다. 나는 하나님께서 뇌물과 부정을 미워하신다는 사실을 성경이 분명하게 밝히고 있음을 안다. 나는 내가 알지 못하는 사이에 일어난 일은 내 책임이 아니라는 생각을 가지고 계속 일을 추진하도록 했는데, 그로 인해 유감스럽게도 죄를 범하고 말았다. 나는 영적으로 징계를 받았을 뿐만 아니라 그 프로젝트 계약까지 잃었다. 하지만 그런 수치스러운 경험 속에서도 나는 우리가 비윤리적 방식으로 이기지 않았다는 사실에 약간의 내적 기쁨을 맛볼 수 있었다. 비록 경쟁 업체가 속임수를 썼다고는 하지만 내 관점에서 볼 때 우리의 패배는 당연한 것이었다. 이것은 아픈 교훈으로 내 기억 속에 오랫동안 잊혀지지 않고 남아 있을 것이다.

성경에 의하면 하나님의 정의는 요동치 않고 주의 자비는 모든 것을 덮는다고 했다. 우리는 사업 계약을 성사시키지 못했지만, 하나님의 은혜는 우리를 거기에서 주저앉게 만들지 않았다. 마치 피륙에 얽혀 있는 많은 실처럼 그 일은 이후에도 고통스럽게 계속 이어졌다. 우리가 수주하지 못하도록 계약을 따낸 경쟁 업체는 그 프로젝트에 필요한 장비를 제조하는 외국 공급업체와 계약을 체결했지만 3개월 후 자신들이 약속한 날까지 필요한 기술을 제공할 수 없음을 인정해야 했다. 결국 그들은 그 프로젝트를 잃었고 일정 기간 동안 정부 사업에 참여하지 못하게 되었다. 그리고 그 해에 동일한 프로젝트가 약간 수정되어 다시 입찰에 부쳐졌다.

그즈음 나는 우리 제품 관련 기술에는 경험이 없지만 신뢰할 만하고 능률적인 다른 판매업자를 찾아냈다. 이 회사는 다른 분야의 사업을 통해 정부로부터 좋은 평판을 얻고 있었으며, 그들은 놀랍게도 별다른 노력을 기울이지 않고서도 우리를 위해 이 계약을 수주할 수 있었다. 장비의 설치가 성공적으로 마무리되

사업을 시작하다

었을 때, 나는 내가 예상하지 못했던 결과에 놀랐고, 거기에 두둑한 판매 수당을 받고나서는 특별히 하나님의 선하심에 감사드리며 기뻐했다. 주님은 완전히 실패한 사업을 성공한 사업으로 '부활' 시켜 주셨다. 일이 진행되는 동안 주님은 용서를 구하는 나의 기도에 응답하셨을 뿐만 아니라 하나님을 믿는 사업가로서 내가 어떤 책임을 져야 하며 또 어떻게 주님의 성품을 배워가야 하는지에 대한 교훈을 주셨다.

나는 아시아-미국계 이스라엘인이다. 나는 용모는 아시아 사람이지만 미국에서 자라 영어를 사용하며 현재는 이스라엘 국민으로서 이스라엘 여권을 소지하고 있다. 주님은 나와 가족을 이스라엘 땅에 있는 갈멜산(Mountain Carmel)에 뿌리내리도록 하셨다. 내 아내 리타가 유태인이어서 우리들은 이스라엘로 이민을 올 수 있었다. 우리는 1987년에 이스라엘로 이주해 이스라엘 국민이 되었고 이민 첫 세대들이 그렇듯 새로운 문화에 적응해야 하는 어려운 과정을 밟았다. 우리가 이주하던 때 딸아이는 두 살이었다. 이스라엘에서 자라서 현재 이스라엘 학교에 다니고 있다. 우리 아들은 하이파이(Haifai)에 있는 갈멜산에서 태어났다. 그곳 사람들이 나를 처음 봤을 때 나를 이스라엘인이라고 생각한 사람은 거의 없었지만 나는 이스라엘에 남은 삶을 바치기로 작정한 사람이다. 이스라엘은 나의 고향이고 죽을 때까지 혹은 주님이 다시 오실 때까지 우리는 여기서 살고 싶다.

아내 리타와 나는 1970년대 초에 주님께 돌아왔다. 그 당시 우리는 미국의 히피로서 저항문화 운동권에 속해 있었다. 그녀는 뉴욕 변두리 출신이고 나는 보스턴에서 자랐다. 내가 어릴 때 아버지는 대학에서 아시아 역사를 가르치셨고 나중에는 일본과 태국 주재 대사관에서 외교관으로 일하셨다. 십대 시절에 나는 일본에서 국제학교를 다녔고 대학을 가기 위해 보스턴으로 돌아왔다. 1960년대 말과 1970년대 츠의 혼란기를 지날 때 주님은 우리에게 자신의 존재를 알리셨고 우리를 당신에게로 인도하셨다. 그때 우리는 예수님을 메시아요, 세상의 구원자로 받아들였다. 그렇기에 우리는 우리가 누릴 수 있는 다른 희망이나 꿈을 제쳐두고서, 주님께 "우리가 무엇을 하기 원하십니까? 주님이 원하시는 곳이면 어디든지, 주님이 말씀하시는 것이면 무엇이든지 따를 준비가 되어 있습니다. 우리가 여기 있으니 우리를 보내소서"라는 고백을 하곤 했다.

리타는 개종한 유태인이기 때문에 우리는 이스라엘 사람들의 전통적인 양식을 따르지는 않는다. 1948년에 근대 이스라엘이 건국된 이래로 많은 그리스도인들은 성경의 예언이 성취될 것인가에 관심을 갖고 있었다. 그래서 1960년대에 예수님을 메시아로 믿는 유태인들이 세계적으로 많이 일어났었다. 그렇게 개종한 유태인들은 거의 대부분이 유태인들로 구성된 신약 시대 공동체의 성경적 원리로 되돌아가는 것에 주의를 기울였다. 오늘날 그들이 직면하고 있는 도전은 예수님을 메시아로서 믿는 신도이면서 유태인이라는 사실이 어떤 의미가 있는지 현대적인 용어로 정의를 내리는 것이다.

리타와 나는 그리스도인이 된다는 것은 우리의 모든 삶이 변화되는 것을 의미한다고 이해했다. 우리는 그리스도인으로서 새로운 정체성을 가지고 씨름했다. 우리가 금식하며 기도할 때 주님이 "우선 결혼부터 하라"고 말씀하셔서 우리는 결혼했고 그 후에 텍사스 댈러스에 있는 '열방을 위한 그리스도(Christ for the Nations)'라는 성경 학교에 들어갔다. 우리가 성경 학교에 있을 때 주님은 "내가 내 사역을 위해 너희를 불렀지만 너희는 미국에서 사역하지 않을 것이고 일본과 이스라엘에서 나를 섬기리라"고 우리에게 다시 한 번 말씀하셨다. 2년 간의 성경 학교를 마친 후 우리는 캘리포니아로 갔고, 거기서 나는 신학교에 입학해 신학 석사 과정을 밟았다.

어느 해 7월 4일, 삼촌 댁을 방문하러 가는 도중에 차가 고속도로에서 고장나서 연기를 내뿜기 시작했다. 간단히 고쳐질 문제가 아니었다. 차를 전체적으로 손봐야 할 것 같았다. 나는 그때 막 히피 생활을 청산하고 신학교에 들어가서 가능한 빨리 학

업을 끝내려고 여러 과목을 수강하고 있었고 학비와 생활비를
충당하기 위해 은행출납원으로 일하고 있을 때라 차를 수리할
만큼 재정적인 여유가 없던 상황이었다. 그래서 어쩔 수 없이 친
척에게 돈을 빌렸다. 그것은 자존심이 상하는 일이었다. 나는 주
님께 기도하기 시작했다. "좀더 나은 직장이 필요합니다. 제가
학교를 마치고 사역을 시작할 수 있도록 다른 직장을 주십시오."

몇 달 전에는 나와 상담학을 같이 공부하는 '돈(Don)'이라는
동료를 위해 기도한 적이 있었다. 그는 성경을 공부하라는 부르
심을 받기 전에는 IBM에서 일했다.

우리가 그의 직장 문제를 놓고 함께 기도한 지 얼마 지나지 않
아 그는 그리스도인이 경영하는 컴퓨터 회사에 취직하게 되었
다. 그 당시 컴퓨터 산업은 막 성장기를 맞이하고 있었다. 그 전
까지만 해도 컴퓨터는 에어컨 시설이 잘 된 사무실에나 있었고
흰색 가운을 걸친 연구소 기술자들만 만질 수 있는 덩치 큰 물건
이었다. 개인용 컴퓨터가 나오기 전인 1970년 중반이었고 내 동
료 '돈(Don)'이 취직한 회사는 그 당시로는 뛰어난 '미니 컴퓨
터'를 제조하고 있었다. 오늘날의 컴퓨터와 비교해 보면 그 미니
컴퓨터는 작지도, 성능이 강력하지도 못했지만 그 당시에는 미
니 컴퓨터 열풍이 불어 주요 기업들에 설치되고 있었다.

돈(Don)은 내가 그 회사에 임시직으로 일할 수 있도록 주선
해 주었다. 돈(Don)이 내게 말했다. "피터, 자네는 10주간 훈련

사업을 시작하다

을 받고 6개월 동안 근무할 수 있어. 자네가 여기서 인정받는다면 계속해서 근무할 수도 있을 거야." 그래서 나는 '코볼(COBOL)'이나 '포트란(FORTRAN)'이라는 괴상한 이름의 컴퓨터 언어들을 사용해서 프로그램을 짜는 일을 배우는 것으로 직장 생활을 시작했다.

지금은 지역 책임자가 되어 내 상사로 있는 돈(Don)이 어느 날 내게 와서 말했다. "피터, 내가 자네에 대한 환상을 보았는데 자네가 컴퓨터 터미널 앞에 앉아 있고 자네 주위에 많은 사람들이 모여서 자네가 하는 일들을 보고 있었어." 이것이 바로 주님에게서 온 비전이 되었다. 그 당시에 나는 겨우 내 직장 업무를 수행할 정도 밖에 컴퓨터에 대해서 알지 못했다. 그러나 나는 컴퓨터를 다루는 일을 정말 좋아했다. 컴퓨터의 명쾌하고 가식 없는 논리 구조가 마음에 들었다. 그 후 나는 코카콜라 회사 LA 지사의 청구 업무 프로그램을 설계하는 일을 맡게 되었다.

내가 설계한 첫 번째 '코볼(COBOL)' 프로그램은 잘 돌아갔다. 2년이 채 못 되어 나는 소프트웨어 강사가 되었고 컴퓨터 프로그래밍 언어를 가르치고 새로운 강의도 맡아서 하게 되었다. 돈(Don)이 본 환상이 현실로 이루어졌다. 회사는 내게 컴퓨터 교육을 맡아서 하도록 해외 파견을 보냈고 그 이후에 나는 세계 여러 지역에서 새로운 소프트웨어 제품들을 위한 프로젝트를 시행하는 초급 판촉 책임자가 되었다. 이 일은 내가 신학대학원을 마치고 교회에서 안수를 받을 때까지 계속되었다.

리타도 커뮤니케이션 전공으로 석사 학위를 받았고 풀러톤(Fullerton)에 있는 캘리포니아 주립대학에서 강의하고 있었다. 나는 목회자로 교회에서 시무하며 수 년 전에 주님께서 우리에게 주신 계획에 따라 리타와 함께 일본으로 갈 것을 기대하고 있었다.

1981년에 일본에서 사역할 수 있는 문이 열렸다. 순회 목회를 시작하려고 다른 교단에서 후원금을 모으는 과정에서 나는 내가 컴퓨터에 상당한 지식을 갖고 있다는 것을 새롭게 인식했다.

나는 5년간 컴퓨터 업계에서 일한 경력이 있었고, 여러 부서들을 거치며 다양한 경험을 쌓았다. 그래서 나는 10여 개의 일본 회사에 이력서를 보냈고 그 중 NEC라는 거대한 일본 전자 회사에 취직할 수 있었다.

NEC는 메사추세츠에 와서 나를 면접하고 채용했는데 동경에 있는 본사로 발령을 내주겠다고 약속했다. 동경으로 이주한 후 나는 그 도시에만도 16,000명의 직원을 고용하고 있는 매우 일본적인 회사에서 소프트웨어 교육 강조를 개설해 강의하는 일을 했다. 나는 리타에게 내가 십대 시절을 보냈던 동경 시내를 소개했다. 당시는 즐겁고도 도전적인 시기였다.

NEC에서는 칸막이가 없는 커다란 사무실에 빽빽히 앉아서 업무를 봤다. 양복 깃에는 회사 로고가 있는 핀을 꽂고 다녔으므로 동경의 지하철에서 만나는 청색, 회색 양복의 수천 명의 다른 직장인들과는 쉽게 구분할 수 있었다. 내 계약 기간은 2년이었는데 아침마다 사무실에서 회사가를 불렀고 오후에는 책상 앞에서 하는 집단 유연 체조로 휴식을 취하기도 하며 전형적인 '봉급쟁이'의 삶을 살았다. 리타는 국제 대학에서 교편을 잡았다.

그 사이에 나는 동경 시내에서 조그마한 국제 펠로우쉽을 막 시작한 밥(Bob)이라는 목사님을 알게 되었다. 목사님은 내가 자신의 곁에 있기를 원했고 우리는 함께 이 펠로우쉽을 목회하게 되었다. 밥 목사님은 동경 시내에서 각 나라 사람들이 모이는 예배 모임을 일으키는 비전을 가지고 계셨는데 그러한 비전은 많은 일본 목사들에게 성장의 한 좋은 모델이 되었다. 그러나 밥(Bob) 목사님은 자주 여러 지역을 순회해야 했기 때문에 결국 나 혼자서 여러 나라 사람들이 모이는 예배를 몇 주 내지는 몇 개월 동안 섬겨야 하는 일이 많아졌다. 예배 참석자 수는 날로 늘어나서 처음의 15명에서 200명에 육박하게 되었다. 특히 우리 예배의 찬양 시간은 은혜가 넘치는 시간이었다. 나는 은사 갱신(Charismatic Renewal)을 주제로 하는 찬양들을 소개했고 우리는 성령 안에서 예배드리는 외국인들의 모형을 갖추게 되었다.

일본 사회는 여러 부분에서 아주 제한적이거나 구속하는 면이 상당했다. 그래서 하나님의 임재 가운데 자유함을 맛보기 위해 예배에 참석하는 젊은 일본인들도 갖아졌다. 일본인들에게 예배 속에서 완전한 자유함을 맛본다거나 사람의 마음을 자유하게 하는 진리를 믿는다는 것은 삶의 급격한 변화가 일어난다는 것을 의미했다. 처음에 우리는 새신자들이 그들 집 근처에 있는 일본 교회를 다닐 수 있도록 자유함을 맛볼 수 있는 교회들을 찾아주려고 했다. 하지만 결국 그들 대부분은 우리 인터내셔널 예배 모임에 계속 참석하게 되었다. 참으로 놀라운 성장을 이룩한 흥미진진한 시간들이었다. 여러 국적을 가진 사람들이 예배에 참석해 구원과 치유를 경험했다. 나는 인터내셔널 예배 모임을 인도하면서 따로 사례를 받지는 않았지만 개인적으로 많은 도전을 받고 즐거움 또한 누릴 수 있었다.

2년 후 NEC와의 계약이 만료되자, 나는 그곳을 떠나 미국 컴퓨터 회사에서 근무했다. 미국 회사는 일본에 자신들의 자회사를 세우고 나를 일본 지역 판매 책임자로 임명했다. 나는 판촉 프로그램을 맡아서 일본 전역에 걸쳐 광고하고 신제품 판매를 담당하게 되었다. 내가 책임져야 할 일들이 늘어나면서 나는 내 삶이 매우 다른 두 개의 길을 따라 움직이고 있다고 느끼기 시작했다. 사업과 사역은 마치 기차의 두 궤도와 같았다. 내 삶은 기차였다. 궤도가 평행을 유지할 때는 기차가 힘을 얻고 있다는 느낌을 받았고 거기에서 나는 많은 것을 성취할 수 있었다. 동시에 만족감도 얻을 수 있었다.

흥미진진하고 매우 유쾌한 때도 있었다. 그러나 내 삶의 한 부분이 다른 부분에 비해 강조되기 시작할 때는 마치 궤도가 어긋나서 기차가 탈선하는 것 같은 느낌을 받을 때도 있었다. 한 쪽이 성장하도록 하기 위해 어떻게 다른 한 쪽의 부르심을 제한할 것인가에 대한 의사 결정도 내려야 했고, 한 쪽의 부르심이 성장하도록 하기 위해 얼마나 많은 일과 노력 등을 다른 쪽에서 가져와야 할 것인지에 관한 결정도 해야 했다. 나는 다른 목회자들과 함께 내 사무실 근처 호텔 식당에서 아침을 먹으며 주간 회의를 가졌다.

나는 목회 상담을 하러 온 사람들을 위해 내 점심시간을 쪼개서 그들을 만났다. 사람들이 나를 급하게 필요로 할 때는 업무중에라도 짬을 내서 근처 커피숍에서 만났다. 우리는 상담하고 기도했고 나는 다시 사무실로 돌아왔다.

한번은 회사의 지역 본부가 있는 홍콩에서 열린 아시아 각 나라별 마케팅 책임자 회의에 참석했던 때가 있었다. 보트를 전세 내어 리펄스만 밖으로 항해하며 즐거운 시간을 보내고 저녁 때는 호화로운 해산물 요리를 먹기 위해 멀리 떨어진 섬에 정박하기도 했으며 다음 날 저녁 때는 지역 본부 부사장이 초대하는 애버딘 요트 클럽에서 야간 테니스 경기를 즐기기도 했다.

경기 후에 부사장이 내게 말했다. "자네, 홍콩으로 와서 6개월 정도 함께 일하면서 이 지역 본부의 업무를 익혀보는 것이 어떤가?" 그의 제안은 나를 승진시키겠다는 것이었다. 그때 전에 읽었던 사업 성공 관련 서적의 내용이 떠올랐다. 성공하고 싶으면 상사와 원만한 관계를 유지해야 한다는 것이었다.

이 부사장은 나를 한 나라의 책임자로 만들 수 있는 사람이었다. 내 상사의 좋은 집과 클럽 회원권 그리고 운전사가 딸린 회사 차가 그려졌다. 하지만 나는 "노"라고 대답해야 했다. 왜냐하면 나는 한 교회의 목사로서 6개월 동안 동경을 떠나는 것은 불가능한 일이었기 때문이다.

그래서 나는 부사장에게 거절의 뜻을 전하며 제안을 수락할 수 없음에 실망한 나 자신에 대한 부끄러움과 실망감이 얼굴에 드러나지 않도록 어떻게 슬기롭게 대처해야 할지를 궁리해야 했다.

나는 젊은 목사이면서 동시에 사업가로서 때로는 마음속 깊이 고통스러운 눈물과 큰 실패와 좌절을 맛보아야 하는 일들을 겪었다. 때로는 주님께 "주여, 당신이 비즈니스와 사역의 두 가지 부르심 중 어느 하나라도 제가 성공하도록 허락하시는 겁니까?"라고 기도하거나 또는 "이 두 가지 부르심 중의 어느 하나를 거두어 가시지 않으시겠습니까?"라고 기도한 적도 있었고 또한 주님께 "주님, 저는 왜 다른 사역자들처럼 될 수 없습니까?" 라든지 "저는 왜 저 사업가처럼 될 수 없습니까? 저는 왜 이 둘 사이에 끼어 있어야 합니까?"라고 항의하기도 했다.

사업을 시작하다

나는 좋은 목사가 되어 주님이 원하시는 아름다운 교회를 세우고 싶은 꿈이 있었다. 일본은 그리스도인이 전체 인구의 1% 미만인, 전도가 잘 안되는 열악한 지역이다. 천 명 정도의 성도가 모이는 교회는 다른 목사들에게는 도전이 될 수 있다. 나는 그런 교회를 인도해 영적 은사들이 발휘되고 다른 목사들로부터도 인정받는 목사가 되고 싶었다. 그러나 사업은 많은 시간과 헌신이 필요했으며, 또한 나의 필요를 채워주었을 뿐 아니라 선교사로 내가 일본에서 결코 얻을 수 없는 신용도를 제공해 주었다. 어쩌면 하나님께서는 내가 단순히 성공한 사업가가 되기를 원하셨는지도 모른다. 사업가로서 나는 오찬 모임이나 비즈니스 포럼 등에서 연설할 수 있었고 그런 일로도 주님께 영광을 돌릴 수 있었다. 그러나 내가 목회하는 교회는 어떤가? 200명 이상의 결코 적지 않은 사람들이 모이며 성경 공부 모임을 인도해야 하고 초신자들을 상담하며 설교도 해야 하며 또한 모두들 나를 필요로 했다.

나는 목회자로서의 일을 멈출 수는 없었다. 주님은 내가 두 가지 영역에서 평범하고 이름 없이 일하기를 원하셨을까?

몇 개월 후 홍콩을 다시 방문했을 때도 나는 여전히 나의 이중적인 부르심에 대해 씨름하고 있었다. 나는 반차이에서 있었던 조찬 기도 모임에서 그동안 알고 지내던 빌(Bill)이라는 그리스도인 사업가에게 나의 고민을 털어놓았다. "하나님께서는 내가 성공하길 원하시지 않나봅니다. 저에게 두 영역에서 섬기는 부르심을 주셨습니다. 저는 두 개의 세계 속에 살고 있습니다. 그런데 저는 더 이상은 두 영역을 동시에 섬길 수 없어요. 나를 죽이는 일이지요. 그만두고 싶습니다.” “오늘 밤 함께 저녁을 들면서 이야기해 봅시다.” 빌(Bill)은 나를 위로하며 나중에 만나자는 약속을 했다.

그날 저녁, 빌(Bill)은 커즈웨이만에 있는 내가 머무는 호텔 근처에서 나와 함께 식사하며 내게 이런 말을 해주었다. “하나님께서는 자네를 사업계로 부르셨어. 그분은 사업계 안에서 그분이 신뢰할 수 있는 사람들을 많이 데리고 있지 못하시네. 자네 같은 사람을 통하지 않고는 결코 복음을 들을 수 없는 사업계 안의 사람들에게 보내시기 위해 자네를 그곳에 두셨다네. 지금은 그곳을 떠나지 말게.”

그의 말이 맞다는 것을 알았다. 주님께서 친구를 통해 나에게 말씀하신 것이다. 나는 새 힘을 얻어 일본으로 돌아왔고, 다시 두 영역에서 하나님을 위해 열심히 일했다. 몇 년이 지나갔다.

지난 번과 같은 위기의 순간을 맞을 때마다 주님께서는 기도 가운데 성령을 통해 말씀하시곤 했다. “견디어라. 머물러 있어라. 나중에 이해하게 될 것이다. 지금은 스트레스를 견디고 네 개인의 야망을 죽여라. 내가 네 미래를 위해 일할 수 있도록 해주마.” 우리 자신의 꿈들은 쉽게 시들거나 사라지지 않는다. 몇

사업을 시작하다

년이 지난 뒤에 내가 깨달은 진리는 주님은 우리가 성공이라고
여기는 것들에 대해 홍미가 없으시다는 것이다. 그분이 성공이
라고 여기시는 것은 우리가 변화하는 것을 보시는 것이다. 주님
은 단순히 우리의 외적 태도나 현상이 변하는 것이 아니라 우리
속사람의 변화, 즉 성품의 변화를 기대하고 계신다.

2 하나님 나라의 전문 직업인

사업과 사역이라는 두 영역을 온전히 통합한다는 것이 가능한 일인가? 성경은 이러한 통합을 하나님의 뜻이라고 밝혀주고 있는가? 많은 그리스도인 사업가들은 예수님께서 말씀하신 영생으로 인도하는 '좁은 길'을 어떻게 찾아내고 어떻게 걸어갈까에 대해 긴장감을 느끼거나 내가 경험한 것처럼 의구심을 품기도 한다. 무엇보다도 우리는 문화적으로 뿌리 깊은 골이 있는 것같이, 그리스도인들이 이원론적 사고를 가지고 사업과 사역을 가르고 있다는 사실을 인정해야 한다.

문화는 우리의 의식적 사고 아래 깔려 있는 어떤 기대들과 가치들을 포함하고 있다. 교회 문화가 있고 사업 문화가 있다. 이 두 문화가 그리스도인 공동체 안에 공존하지만 마치 다른 가치들과 목적들을 가지고 있거나 다른 언어로 이야기하거나 완전히 다른 관례들을 가지고 있는 것처럼 보인다. 교단에 따라 또 나라와 정도에 따라 차이는 있지만 일반적으로 사업과 사역은 마치

물과 기름처럼 여겨진다. 그 둘은 쉽게 융화되지 않는다.

목사로서 나는 사업가들이 교회 안에서 중요한 역할을 담당하는 것을 보았다. 그들은 기관들이 어떻게 일을 처리해야 하는지, 재정을 어떻게 다루어야 하는지 알고 있다. 성공적인 사업가들이 하나님을 섬기고 교회의 사역을 지원하는 것은 매우 중요한 일이다. 그러나 그리스도인 사업가들이 사역을 지원하지만 그들이 사역을 하는 것은 아니라는 불문의 이해들이 있는 것같이 보인다. 반면에 복음을 선포하는 사역자들은 '세상에 의해 때 묻지 않은 상태로' 남아 있거나 사업이라는 환경 속에 들어가지 말아야 한다고 여기고들 있다.

우리는 혼돈을 방지하기 위해 이러한 이중의 부르심이 분리되도록 노력하고 있고 그 결과로 하나님 나라 안에 이중의 기준을 세우게 되었다. 이러한 노력의 결과, 우리는 혼돈을 방지하기보다는 인위적인 상황을 만들어 냈다. 그것은 두 개의 서로 다른 정체성을 가진 상반되는 필요들 때문에 부르심 자체가 손상되지 않도록 두 가지 부르심 가운데 어느 하나를 포기하도록 강요하는 상황을 말한다.

교회의 입장에서 볼 때 사업가들은 안수 받은 목회자들과 같은 영성 수준이 못되고 대체로 낮은 영성을 지니고 있다고 생각한다. 이런 현상들이 훨씬 명확하게 나타나는 많은 나라들이 있다. 동시에 사역자에게 요구되는 높은 수준의 성결함이 사업가에게는 필요가 없고 대신 그들은 많은 자유를 누리고 있다고 생각한다. 이러한 이중적인 도덕 기준은 성경 안에는 없다.

그런데 우리 사회와 교회에서는 그런 기준이 존재하고 있다. 하지만 하나님 나라의 가치들과는 일치하지 않는다. 아시아의 일부 지역에서는 그리스도인 사업가들이 두 켤레의 구두를 가지고 있다고 말한다. 주일날 교회에 갈 때 그들은 '그리스도인용' 신발을 신고 월요일 아침 사무실에 출근할 때에는 '사업가용' 신발을 신는다고 한다, 사업과 사역은 서로 다른 도덕적 지침들이 필요한 완전히 분리된 세계라고 이해하기 때문이다. 주님은 이러한 이중 기준이 하나님 나라 안에서 제거되길 바라시며 거짓 이원론이 깨지길 원하신다.

나는 최근에 그리스도인 사업 공동체가 전국적으로 흔들리고 있던 한국에 있었다. 한국은 위대한 부흥을 경험했고 강하고 역동적인 교회들이 많이 있다. 어떤 교회들은 자신들이 속한 교단 가운데 세계에서 가장 큰 규모를 자랑한다. 지도자 위치에 있는 그리스도인 사업가 한 사람은 한국에서 가장 큰 건물을 지었을 뿐 아니라 교회와 회관을 건립했다. 그의 이름은 한국에서는 흔한 성씨를 가진 사람이었다. 그러나 정부에서 그의 회사에 대해 세무 감사를 하는 과정에서 불법적인 재무 운영 사실이 드러나서 그는 감옥에 수감되었다.

나는 한국 그리스도인 친구를 통해 성숙하고 믿음이 좋은 그 사업가가 한국의 다수 재벌 총수들이 했던 것과 같은 방식으로 사업을 운영했다는 얘기를 들었다. 그러나 정부는 그를 본보기로 삼았다. 그는 어쩌면 '표적'이 된 것인지도 모르겠다. 왜냐하면 불신자들은 믿는 사업가가 운영하는 사업체들에서 믿지 않는 사람들이 운영하는 것보다 높은 수준의 사업 윤리성을 기대하기 때문이다.

그리스도인 사업가들이 복음을 전하는 '전문' 사역자들보다 낮은 수준의 성결함을 가지고 살아도 된다는 성경에서 찾을 수 없는 이중적 기준을 일반적으로 교회들은 갖고 있다. 인간이 성결하게 살아야 하는 것은 세상의 직업이 무엇이든 누구에게나 필요한 삶의 한 기준이다.

무엇보다도 먼저 우리의 주인 되시고 주님이 되시는 예수님을 바라보자. 우리 모두가 알고 있듯이 그분은 사업계에서 일하셨다. 어떤 사람은 그분이 목수였다고 말한다. 헬라어로는 '테크톤'(tekton)이라고 부르는데, 의미는 '건축자'(Builder)이다. 최근 연구를 통해 예수님께서 목수보다는 석공으로 일했을지도 모른다는 사실이 알려졌다. 예수님께서는 부친 요셉과 함께 요즘 우리가 건설 산업이라고 부르는 가업을 잇고 있었다. 신약에 보면 예수님께서는 사역자로서보다 '건축자'로 더 오래 일하셨다. 그분은 18년을 나사렛 근처에서 아버지 밑에서 일했지만 그분의 공생애는 3년 반밖에 안된다.

예수님의 많은 가르침과 비유들은 일터에서 나온 것들이다. 그분은 자신이 사역하고 있는 사람들의 삶을 잘 아셨고, 사고 파는 것이 무엇인지 아셨으며, 그들이 직면하는 타협하고 싶은 유혹들과 압력들에 대해서도 이해하고 계셨다. 또한 그들의 마음과 그들의 관심사를 아셨다. 왜냐하면 그분은 생애의 오랜 기간을 거래 관계로써 사람들을 대하셨기 때문이다. 그래서 예수님의 경우를 보면 사업은 그분의 사역을 준비하는 것이었다고 말할 수 있다.

예수님께서는 가업을 떠났다가 다시 되돌아가시지 않으셨지만 일하는 동안만큼은 인내를 갖고 일하셨다.

다른 모델을 보자. 사도 바울도 역시 사업계에서 일했다. 그의 직업은 그의 사역과 동시에 진행되었다. 사업은 사역을 위한 매개물이었다. 그는 자신의 분야에서 숙련된 직업인이었고 전문가였다. 사도 바울이 일자리를 구하는 게 어려움을 겪었으리라고는 생각하지 않는다. 그는 전문적인 텐트 제조 기술자였기 때문이다.

그 당시에 텐트는 공장에서 캔버스천이나 찢김 방지 나일론으로 만들었던 것이 아니고 염소털실로 만들었다. 습기가 많은 기후에서 염소 털은 부풀어올라 비를 막아주며 방습 효과도 있어서 사람들을 보호해준다. 또한 덥고 건조한 시기에 염소 털은 숨구멍을 열어 공기와 햇빛이 텐트 안쪽으로 들어오도록 해서 텐트 속을 시원하고 쾌적하게 해준다. 그러므로 텐트를 짜는 것은 모든 공정이 수작업으로 이루어졌다. 그래서 텐트를 짜는 적절한 기술을 습득하기 위해서는 오랜 시간이 걸렸고 대개 아버지로부터 아들에게 전수되었다.

바울의 텐트 제조 산업은 매우 이동성이 높았다. 그 당시 많은 사람들이 텐트를 사용했기 때문에 이 마을 저 마을로 다니며 어디서나 쉽게 일자리를 구할 수 있었다. 일을 통해 수입을 얻었기 때문에 사역을 위해 파송 교회로부터 재정적인 지원이 필요 없었다. 사실 그는 이 사실을 고린도 교인들에게 자랑하기도 했다.

> 성전의 일을 하는 이들은 성전에서 나는 것을 먹으며 제단을 모시는 이들은 제단과 함께 나누는 것을 너희가 알지 못하느냐. 이와 같이 주께서도 복음 전하는 자들이 복음으로 말미암아 살리라 명하셨느니라. 그러나 내가 이것을 하나도 쓰지 아니하였고 또 이 말을 쓰는 것은 내게 이같이 하여 달라는 것이 아니라 내가 차라리 죽을지언정… 누구든지 내 자랑하는 것을 헛된 데로 돌리지 못하게 하리라(고전 9:13-15).

바울은 그가 개척한 교회에게 이렇게 말할 수 있었다. "나는 여러분에게 결코 재정적인 부담을 드리지 않겠습니다. 왜냐하면 주께서 나에게 이 텐트 제조 일을 주셔서 내 손으로 직접 일할 수 있도록 인도해주셨기 때문입니다." 바울의 직업은 그의 사역

하나님이 관심 두시는 사업

을 가능하게 하고 활성화시켜 주었다.

예수님과 사도 바울은 사업을 통한 사역의 두 가지 좋은 모델을 보여 주고 있다.

그러나 나는 여러분이 다음의 세 번째 모델에 주목해 주기를 바란다. 그 이유는 이 모델이 사업계 안에 있는 대부분의 믿는 자들에게 적합하기 때문이다.

나는 이 모델을 '하나님 나라의 전문 직업인(Kingdom Professional)' 모델이라고 부른다. 하나님 나라의 전문 직업인은 사업을 사역과 통합해 동시에 두 영역 안에서 살아가는 사람을 지칭하는 말이다. 아굴라와 브리스길라라고 불렸던 부부의 예를 살펴보자.

사도행전 18장의 기록을 보면 바울은 2차 전도여행 기간중에 고린도에 이르렀는데-고린도는 네카에움과 겐그레아라고 부르는 두 개의 항구를 가진 이스무스라는 곳의 중요한 상업 중심지로서 이오니안과 에게 해의 무역을 통제하는 도시였다.

이 후에 바울이 아덴을 떠나 고린도에 이르러 아굴라라 하는 본도에서 난 유대인 하나를 만나니 글라우디오가 모든 유대인을 명하여 로마에서 떠나라 한고로 그가 그 아내 브리스길라와 함께 이달리야로부터 새로 온 지라 바울이 그들에게 가매 업이 같으므로 함께 거하여 일을 하니 그 업은 장막을 만드는 것이더라 안식일마다 바울이 회당에서 강론하고 유대

하나님 나라의 전문 직업인

인과 헬라인을 권면하니라(행 18:1-4).

바울은 아굴라와 브리스길라를 고린도에서 처음 만났다. 아굴라는 유대인인데 그 큰 도시에서 잘 되는 사업을 하고 있었다. 아굴라는 국제적인 사역을 성공적으로 수행하는 사업가의 성경적 모델이 되기 위해 예정되어 있었다. 흥미롭게도 그의 이름은 라틴어로는 '독수리(eagle)'를 의미한다. 아굴라와 브리스길라는 사도 바울을 고용해 함께 사업을 시작했다. 바울은 매주일 복음을 전파하기 위해 돌아다녔고 결국에는 그 도시에 교회를 개척했다. 아굴라와 브리스길라에게 어떤 일들이 일어났는가? 사도행전 18장 18-19절을 살펴보자.

바울은 더 여러 날 유하다가 형제들을 작별하고 배 타고 수리아로 떠나갈새 브리스길라와 아굴라도 함께 하더라 바울이 일찍 서원이 있으므로 겐그레아에서 머리를 깎았더라 에베소에 와서 저희를 거기 머물러 두고 자기는 회당에 들어가서 유대인들과 변론하니(행 18:18-19).

사도 바울은 아굴라와 브리스길라와 함께 그들의 기존 사업을 위해 한동안 고린도에 머물렀다.

바울이 전도여행과 지역 순회 사역의 중심지로 삼게 되는 에베소로 돌아올 때도 아굴라와 브리스길라가 동행했다. 바울이 처음 그들을 만나 그들과 함께 일하기 시작했을 때 그들이 그리스도인이 아니었는지는 몰라도 바울이 고린도를 떠날 준비를 하고 있을 때에는 그들은 분명 그리스도인이었다. 그들은 바울의 전도의 비전을 따라 자신의 사업을 접고 바울과 동행했다. 그들이 자신들의 텐트 제조 기지를 그리스로부터 오늘날의 터어키로 왜 이전했는지는 알 수 없지만 그들은 에베소로 이주해 그 곳에 있는 교회의 구성원이 되었다. 그들에게 그 다음에 일어난 일은 무엇인가?

> 알렉산드리아에서 난 아볼로라 하는 유대인이 에베소에 이르니 이 사람은 학문이 많고 성경에 능한 자라. 그가 일찍 주의 도를 배워 열심으로 예수에 관한 것을 자세히 말하며 가르치나 요한의 세례만 알 따름이라 그가 회당에서 담대히 말하기를 시작하거늘 브리스길라와 아굴라가 듣고 데려다가 하나님의 도를 더 자세히 풀어 이르더라(행 18:24-26).

아볼로는 이집트 태생으로 안수 받은 사도였다. 그는 하나님의 말씀에 정통한 선생이었으나 세례 요한의 세례 외에는 어떠한 세례도 알지 못했다. 그러나 아굴라와 브리스길라는 사도 바울에게서 훈련을 받았기에 아볼로를 데려다가 분별력을 가지도록 좀더 자세히 가르쳤다. 아볼로는 그 당시 사역자로서 상당한 위치에 있었다. 어떤 학자들은 아볼로가 히브리서의 저자라고

하나님 나라의 전문 직업인

말한다. 이 하나님 나라의 전문 직업인 가정인 아굴라와 브리스길라가 주님의 인도하심을 따라 당대의 사역 지도자 중의 한 사람의 삶에 커다란 영향을 미쳤다. 우리는 그들이 지혜로움과 민감함으로, 아볼로의 사역과 그들 자신의 사업을 해칠 수도 있는 공개적인 비난을 자제했다는 사실을 알 수 있다. 그들은 이 저명한 선생과 관련된 일을 은밀하게 처리했고 결국에는 그의 삶에 큰 영향을 미쳤다.

우리는 아굴라와 브리스길라가 하나님의 부르심을 따라 영적으로 성숙된 사업과 사역을 동시에 실천한 부부였다는 것을 알 수 있다.

아굴라와 브리스길라의 이야기는 여기서 끝나지 않는다. 이 부부의 계속된 삶을 성경에서는 어떻게 기록했는지 다른 내용들도 살펴보자. 그들의 이름은 신약 성경에 여러 차례 등장하는데 그중에서도 특히 로마서의 맨 끝 부분인 인사하는 말 속에 등장한다.

로마에 보낸 바울의 서신은 진정 놀라운 문서이다. 로마서는 바울의 신학과 하나님의 목적에 대한 그의 이해를 예언적으로 전달하고 있으며, 여러 세대에 걸쳐 읽혀지고 거의 2천년 동안 성도들에게 끼쳤던 삶을 변화시키는 능력을 오늘날의 우리에게도 여전히 증거하고 있는 성령의 감동으로 쓰여진 서신이다.

또한 로마서는 하나님께서 유대인들을 예수님에 대한 믿음으로 부르시고 있다는 것을 예견하고 한 교회 안에서 유대인과 이방인이 나란히 섬기는 모습을 묘사하고 있다. 이 아름답고 강력한 편지의 마지막에 바울은 다음과 같이 적고 있다.

> 너희가 그리스도 예수 안에서 나의 동역자들인 브리스가와 아굴라에게 문안하라 저희는 내 목숨을 위하여 자기의 목이라도 내어 놓았나니 나 뿐아니라 이방인의 모든 교회도 저희에게 감사하느니라 또 저의 교회에게도 문안하라(롬 16:3-5 상반절).

바울의 사업과 사역을 동역자로서 섬겼던 부부는 어떻게 되었는가? 그들은 고린도에 있던 사업을 접고 바울을 따라 에베소로 갔다. 그들은 영적으로 매우 역동적인 환경 속에서, 초대 교회에서 기름 부으심이 넘치는 지도자들과 교제를 쌓아 나갔다. 그리고 나서 그들은 제국의 위대한 도시인 로마로 이주해 뛰어난 사역자로서 활약했을 뿐 아니라 사업을 위해 자신들의 가게를 다시 열었을 수도 있다. 바울은 그들을 자신의 가장 가까운 친구요, 가장 신뢰하는 동역자로 여겼음이 명백하다. 그들이 로마에 거주하고 있을 때에는 어쩌면 그들도 사도로 여김을 받았을 수도 있을 것이다. 확인할 수는 없지만, 텐트 제조업을 하는 이 부부가 로마의 가정 교회 운동의 지도자가 되었고 이 가정 교회 운동은 로마 제국의 힘에 도전했으며 궁극적으로는 로마 제국보다 오래 지속되었다는 것을 우리는 알고 있다.

아굴라와 브리스길라는 '하나님 나라의 전문 직업인' 들이었고 그래서 우리의 모델이 될 수 있다. 그들은 사역 때문에 자신들의 직업을 포기하지 않았다. 성경을 보면 초대 교회에서는 성직자나 평신도를 요즘처럼 직업인과 사역 지도자로 구분하지는 않았다.

모든 성도들은 두려움과 떨림으로 자신의 구원의 문제를 해결하도록 부르심을 받았다. 당시의 교회는 하나의 기구라기보다는 운동체라고 할 수 있어서 사회적 위계나 전문적 기능들에 대한 의존은 오늘날에 비해 매우 낮았다. 부르심과 영적 성숙을 훨씬 중요하게 여겼다. 기름 부으심을 입은 지도자들은 교인을 양육하기 위해 자신들의 은사들을 사용했고 자신들이 지닌 전문성을 가지고 가장 실제적인 방법으로 교회를 섬겼다. 그들 대부분은 생계를 위해 일을 했다.

✤

좀더 최근의 예를 들어보겠다. 드와이트 형제는 아시아 여러 지역을 여행한다. 그는 자신을 선교사라고 부르지만 그의 부르심은 공장들을 설립하는 것이다. 그는 중국에 10개 이상의 공장을 설립했다. 그는 여러 해 동안 저명한 포춘 500대 기업

(Fortune 500 Company)에 속한 숙련된 전문가로서 일했다. 그는 중국에 공장을 설립하기 원하는 다국적 제조 회사들로부터 수십만 불의 연봉을 받을 수 있다. 그는 공장을 설립하는 일의 전문가인데, 한편으로는 광대한 중국 안에 있는 미전도 종족들이 사는 지역에 공장을 세우기 원한다. 그가 설립한 공장의 운영 책임자들은 거듭난 그리스도인들이다. 드와이트 형제는 단지 상업적으로 성공적인 기업들을 설립할 뿐만 아니라 하나님을 위해 자생하는 교회들을 일으켜 세우는 데도 열정을 가진 전문 직업인들을 찾고 있다. 그는 장기적으로 교회가 개척되어야 할 지역에만 공장을 설립할 것이다.

그는 최근에 중국에서 가동하기 시작한 한 공장에 대해 말해 주었다. 핸드폰에 들어가는 조그마한 부품을 제조하는 공장이다. 그 공장은 창업한 지 얼마 되지 않은 소위 '그린 필드'(green field) 사업체인데 사람을 고용한다는 말이 퍼지자 인근 지역에서 가장 뛰어나고 영리한 젊은 남녀들이 일자리를 구하려고 몰려들었다. 드와이트 형제와 그리스도인 책임자들은 그 중에서 가장 전도가 유망한 젊은 사람들을 고용했는데 그들은 제품 생산을 위한 첨단 기술을 배울 뿐만 아니라 예수님의 복음에 대해 들어 볼 기회를 얻게 될 것이다.

사역과 통합된 사업의 가치는 당신이 미 개발 지역에 들어가서 고용을 창출하고 복음이 전파되어서 그 사람들의 생활 수준이 높아지는 데 있다. 이런 사업은 현지인들이 자신들과 비교할 수 없는 높은 수준의 경제적 삶을 영위하고 있는 외부인들로부터 지원을 받는 선교사들에 대한 나쁜 감정들을 줄일 수 있다. 사역과 결합된 사업은 수익을 창출할 수 있고 현지 사람들의 생계를 도와 주고 동시에 복음이 무엇인가 하는 실제적인 부분들을 보여줄 수 있다. 선교에 있어서 이러한 새로운 패러다임은 세계적인 몇몇 선교 단체들의 주목을 끌었다. 그러한 선교 단체들은 현재 자격있는 하나님 나라의 전문 직업인들을 전 세계의 추수 현장으로 보내는 새로운 영역들을 시도하기 시작했다.

이웃을 사랑하고 가난한 자들을 돕는 것과 같은 실제적인 사례들이야말로 복음이 필요한 이유들을 가장 잘 증명하곤 한다. 오퍼투너티 인터내셔널(Opportunity International)은 가난을 추방하기 위해 벤처 캐피탈 방식을 도입하고 있는 여러 기관들의 네트워크이다. 그들은 소위 '소액 융자'(micro-lending)라는 사업을 특화하고 있는데 때로는 50달러 정도의 소액 융자를 제2, 제3 세계 안에 있는 소규모 사업들에게 대부해 주는 것이다. 그렇게 해서 오퍼투너티 인터내셔널의 소기업 지원 프로그램은 저렴한 금리로 가난한 사람들에게 대부해 주고 있는데 이들은 대개 전통적인 대부 프로그램의 범위 안에 속해 있지 못한 사람들이다. 자생할 수 있도록 지원받는 사업들의 대부분은 한 사람이 운영하는데 많은 경우 여자들이 운영한다. 이러한 아주 작은 규모의 사업들은 불모지나 다름없는 열악한 그 나라들의 상황 속에서 여러 개의 일자리를 창출해 낼 수 있다. 어퍼투너티 인터내셔널 네트워크는 1970년대에 미국과 호주의 그리스도인 사업가들이 시작했다. 그 후 이 네트워크는 전 세계로 확장되었고 많은 사람의 사고를 변화시키는 데 도움을 주었으며 소규모 사업들은 일반인을 자극해서 소자본 창업으로 가난을 극복할 수 있는 하나의 운동으로 받아들이는 데 큰 역할을 했다.

그들의 웹 사이트인 http://www.opportunity.org를 방문하면 이 운동에 관한 흥미진진하고 혁신적인 내용들을 알 수 있다.

❧

갤트로닉스(Galtronics)는 무선 통신 장비를 제조하는 회사로서 이스라엘에 있는데 몇 년 전 그리스도인 사업가가 설립했다. 회사 설립자인 켄(Ken)은 젊었던 엔지니어 시절에 아내와 함께 이스라엘로 가서 언약의 자손인 유대인들을 도우라는 하나님의 말씀을 듣게 되었다. 기존의 선교 단체들은 그들을 파송할 수 없었지만 그들은 이스라엘로 와서 갈릴리 호수 근처에서 무전기용

안테나를 만드는 작은 공장을 차렸다.

사업 초기 몇 년 동안은 매우 힘든 시기여서 많은 어려움을 겪었다. 그들 부부는 자신들의 동기를 오해한 극렬 정통 유대인들로부터 물리적인 공격들을 받았고 그 도시에 거주하는 데에도 반대를 겪어야 했다. 결국 그들은 몇몇 사람들을 고용해서 생존할 수 있는 조그마한 사업체를 시작할 수 있었다. 그때 전 세계적으로 핸드폰이 유행하기 시작하더니 소형 안테나의 수요가 폭발적으로 늘었고 그의 회사는 호황을 누리게 되었다.

현재 갤트로닉스는 세계 3위의 핸드폰 안테나 공급 업체가 되었다. 그들은 전 세계에 자신들의 제품을 팔고 있으며 그 분야에서 주요한 특허를 여러 개 보유하고 있다. 갤트로닉스는 그 도시에서 가장 많은 직원을 보유한 회사이며 이스라엘 최고의 산업체에게 수여하는 카프란(Kaplan) 상을 수상하기도 했다. 그 회사는 자신의 회사가 그리스도인 기업이라는 정체성을 공개적으로 표명해 왔고 그 도시 안에 개종한 유대인들을 위한 자생적 교회를 설립하는 데 주요한 역할을 담당해 왔다. 오늘날 이 교회는 이스라엘에서 히브리어로 예배드리는 가장 큰 교회가 되었다.

나는 이 기업이 이스라엘 전자 산업에 끼친 영향에 대해 기억하고 있다. 우리 가족이 처음 이스라엘로 이주해 왔을 때 나는 켄의 회사와 함께 그 해에 산업 표창을 받은 이스라엘 첨단 기술 회사에서 일하고 있었다.

그 해에 산업 무역부 장관은 포르쉬(히브리어로는 바리새인이라는 의미)라는 정통 랍비였다. 그는 예수의 신봉자들이 수상한다는 사실에 반대했다. 그는 수상 회사의 최고 경영자들에게 표창장을 전달하고 악수로 축하해야 하는데도 불구하고, 오히려 그 자리를 이스라엘 안에 있는 선교사들의 존재와 활동을 공개적으로 비난하는 기회로 삼았다.

수상식에서 돌아온 우리 회사 동료들이 영업부서에 있는 나의 사무실로 찾아와서 말했다.

"자네한테 사과하고 싶네."

"무엇을 사과한단 말인가?"라고 내가 묻자 그들이 대답했다.

"우리 정부 장관 말일세. 그는 오늘 온 나라를 망신시켰다네. 자네 친구 회사는 그 상을 받기에 충분해. 탁월하다고. 그들은 우리 나라의 기술 제품을 수출함으로써 우리 모두를 섬기고 있지 않은가. 오늘 우리 나라 장관이 말한 내용은 우리 모두를 당황하게 만들었다네. 그래서 자네에게 사과하고 싶은 것이네."

그리스도인 기업체로서 알려지고 탁월한 사업으로 수상함으로써 켄의 회사는 전 이스라엘 내 수천 명의 근로자들 삶에 지대한 영향을 끼쳤다.

에드(Ed)는 시카고에 본사를 둔 고속 성장중인 회사의 사장이며 공동 소유자인데 그 회사는 연매출 1,500만 불에 120명의 직원을 고용하고 있다. 그 회사는 농경용 장비, 자동차, 배관 설비나 건설 산업에 필요한 물품들을 납품하는 기업이다. 언젠가 내가 시카고로 그를 방문했을 때였다. 그는 안전모를 쓰고 정교한 CNC 장비들을 이용해 강철이나 동, 그리고 알루미늄으로 정밀 부품들을 깎아내면서 불꽃을 튀기는 공장을 보여 주었다. 그의 공장에서 사용하고 있는 공작 기계들은 이스라엘에서 제조된 것인데 이스라엘에 대해서 에드(Ed)는 특별한 마음을 품고 있었다. 그는 여러 번 이스라엘에 다녀왔었다.

에드는 '하나님 나라의 전문 직업인' 이다. 회사를 성공적으로 운영하고 있는 것 외에도 그와 그의 아내 캐시는 젊은이들에게 복음을 전하는 새로운 방법의 사역을 시작했다.

"우리의 핵심 역량은 젊은이들을 대상으로 사역한다는 것입니다. 6년 전 우리가 이 사역을 시작할 당시에는 젊은이를 위한 교회들은 미국에서 찾아보기 어려웠습니다. 우리는 젊은이들을 훈련시켜서 젊은이를 사역하게 했고 지금은 이것이 젊은이를 대상으로 하는 다른 사역들의 전국적인 한 모델이 되었습니다."

에드(Ed)와 캐시(Cathi)는 시카고에서 매우 위험한 상태에 있는 500명 이상의 십대들을 대상으로 매주 사역을 하고 있는데 이 사역에는 매우 열정적인 전도와 젊은이들이 인도하는 작은 모임, 마약 중독자들을 대상으로 하는 사역, 대학생과 직장인들을 위한 세미나, 커피 하우스 그리고 정규적인 그리스도인 콘서트 행사들이 포함되어 있다. 지난 몇 년 동안 그들은 사랑과 격려의 마음을 가지고 이스라엘, 짐바브웨, 벨기에 그리고 스칸디나비아 같은 멀리 떨어진 지역의 십대들을 위해서도 일했다. 나는 그에게 물었다. "경쟁이 치열한 상황에서 제조 회사의 사장으로서 그리고 젊은이들을 대상으도 하는 성장하는 사역의 책임자로서의 두 가지 책임들을 어떻게 감당할 수 있습니까?"

"많은 분들이 그것에 대해서 물어보지요. 열쇠는 제가 사역과 사업 두 가지 모두를 팀으로 운영한다는 것입니다. 두 영역에서 저에게는 동일한 비전과 목표들을 지닌 단결된 강력한 팀이 있습니다. 말하자면 저는 조언 정도만 해주고 뒤에서 뒷받침해 주는 역할을 함으로써 제 시간을 더욱 효율적으로 사용할 수 있다는 것입니다. 저는 사람들을 훈련시키는 일을 매우 중요하게 생각합니다. 저는 적절한 때에 적절한 곳에 적절한 사람을 투입하도록 노력하고 있습니다. 그렇게 할 때 그들의 은사와 동기가 어우러져 목표를 달성할 수 있습니다."

에드는 사업과 사역 안에서 '공통적으로 적용할 수 있는' 원칙들을 찾아냈다. 사역을 했던 경험과 성경적 개념들은 그가 사

하나님 나라의 전문 직업인

업을 운영하는 데 도움이 되었다. 예를 들면 에드(Ed)는 자신의 주변에서 적극적인 마음 자세를 지닌 사람들을 찾는 데, 그는 그런 태도가 회사 일에서 성공하기 위해 필요할 뿐만 아니라 청소년 사역의 지도자가 되기 위해 갖추어야 할 태도라고 생각하기 때문이다. 다른 사람들을 가르칠 수 있는 충실한 사람들을 찾는다는 것은(딤후 2:2) 경영 팀을 구축하는 데에도 잘 적용되는 원칙인데, 이러한 원칙은 원래 제자를 양육하는 데 적용되고 있다. 반면에 사업을 둘러싼 환경들은 에드(Ed)가 사역에의 부르심에서 균형감과 건강한 다양함을 잃지 않도록 돕고 있다. 영적 사역은 때론 그것들이 측정하기 어려운 믿음이나 소망, 그리고 사랑과 같은 무형적인 틀에 기초하고 있기에 경계를 구분하기가 어려운 경우가 있다. 반면에 사업계는 여러 가지 체계들을 갖추고 있다. 분명한 목적을 성취하기 위해서 제한된 시간과 직원들을 잘 관리하는 것은 좋은 훈련이 된다.

에드(Ed)에 따르면, 많은 사역자들은 사업을 통해서 자신들의 시간을 보다 잘 관리할 수 있는 방법을 배울 수 있다고 한다. "사업을 하게 되면 우선순위에 대해 분명한 결정을 내리는 법과 시간 낭비를 피하는 법을 배우게 됩니다. 주주들은 매분기마다 기업들이 성장하도록 압력을 가하고 있습니다. 그런데 많은 사역들을 보면 오랜 기간이 지나도 성장하지 못하는 경우가 있습니다. 우리가 행하는 사역의 내용은 젊은이를 구하고 그들이 보다 나은 삶을 살도록 훈련시키는 것입니다. 저는 우리의 사업이 매년 성장하는 것처럼 사역도 성장해 가길 기대합니다. 주님 앞에 계속 우리가 무릎을 꿇고 기도하는 것이 목표입니다.”

젊은 시절, 네비게이토에서 제자 훈련을 받은 것 이외에 에드는 신학교를 다니거나 어떤 공식적인 훈련을 받은 적이 없다. 하지만 에드는 매우 역동적인 사역의 설립자이며 책임자이고 많은 훈련을 받은 목회자들로부터 유능한 사역자로 인정받고 있다. 나는 에드에게 다른 그리스도인 기업인들에게 말해 주고 싶은 것이 무엇이냐고 물었다.

“사역이란 사업을 하는 모든 그리스도인들이 빼놓을 수 없는 삶의 한 부분이 되어야 합니다. 별장이나 보트, 비행기 혹은 클럽 멤버십은 필요 없습니다. 주님이 하시는 일에 동참해 보세요. 지금 있는 위치에서 시작해 기회들을 찾아보세요. 단순히 돈을 주지 말고 당신 자신을 주세요. 모든 이들이 참여하지 않는다면, 우리는 주님이 주신 과제를 우리 세대 안에 끝내지 못할 뿐만 아니라 우리 자신이 받아야 할 영원한 보상도 놓쳐 버릴 것입니다.”

버나드(Bernard)는 시카고에 있는 에드(Ed)의 친구이다. 그

역시 자동차 산업용 정밀 부품을 생산하는 회사를 운영하고 있다. 버나드의 회사는 200명이 넘는 직원들을 고용하고 있으며 한때 그의 공장은 그 도시에서 오래된 공단 안에 있었다.

그러나 1994년에 새로운 시설을 갖춘 곳으로 이전한 후 버나드는 사람들이 공장 주위의 깨끗한 벽들에 낙서하는 것을 보고 고민하게 되었다.

"저는 낙서들 때문에 화가 났고 몹시 마음이 상해서 그것들을 멈추게 할 방법들을 모색했습니다. 그때 깨달은 것은 변화가 필요한 것은 그런 낙서를 하는 젊은이들의 마음이라는 것이었습니다. 이것이 저로 하여금 취학 아동들을 대상으로 복음을 전하는 사역을 시작하게 된 동기입니다. 저소득 빈민층 아이들이 중학교를 마치기 전에 주님이 그들을 붙잡을 수만 있다면 그들은 자신들의 장래를 위해 훌륭한 기회를 맞게 되는 것입니다. 그 나이 또래는 그만큼 감수성이 민감한 때거든요."

버나드는 방과 후 활동을 돕는 센터를 설립해 그것을 운영할 전문가를 고용했다. 그는 이사회를 구성하고 직원들을 현장에 투입하기 시작했다. 그 결과로 이 사역이 스포츠를 통해 젊은이들을 변화시키고, 여러 가지 성품을 고양시키며 복음에 대해 긍정적 영향력을 확산시키게 되었다. 버나드 회사의 몇몇 직원들도 이 센터에서 일하고 있다. 그들에게 이 사역은 영감이 넘치는 도전이며 하나님으로부터 여러 가지 보답을 받는 사역이다. 버나드 역시 이 사역으로의 부르심을 통해 성장해 가고 있다.

몇 년 전부터 버나드와 그의 부인 지니(Jeanne)는 이스라엘을 방문하기 시작했다. 거기서 그들은 아랍어를 쓰는 그리스도인들이 정서적으로 비정상적인 어린이들을 돌보는 베들레헴에 있는 한 가정을 방문하게 되었다.

지금 이 시카고로부터 온 "하나님 나라의 전문 직업인" 부부는 그 가정에 있는 아이들을 돌보며 함께 살기 위해 자원해서 자신들의 시간과 노력을 드리고 있다. 애정과 긍휼의 씨앗을 뿌리는 것으로 시작해서 사업가들도 그들에게 주어진 사역을 하도록 부르신 그 부름의 일을 진행해 나갈 수 있는 것이다. 이 모든 것들에 대해서 주님은 반드시 보상하실 것이다.

지혜가 충만한 솔로몬 왕은 이렇게 말하고 있다.

너는 네 식물을 물 위에 던지라 여러 날 후에 도로 찾으리라(전 11:1).

3 가이사의 것, 하나님의 것

사업과 사역을 통합하려고 할 때 우리는 여러 가지 어려움을 겪게 되는데 이 때 문제의 깊이를 잘 인식해야 해결책을 처방할 수 있다. 사업과 사역은 성공에 대한 개념도 다르고 문화도 다르다. 이런 상이한 두 세계 속에서 동시에 제대로 기능하기란 쉽지 않다. 누구든지 전력을 다하지 않고는 사업과 사역이라는 두 영역에서 성공할 수 없다. 사업과 사역의 두 영역에 전심을 다해 헌신하고 필요한 만큼의 충분한 정신 집중을 하는 것이 때로는 불가능하게도 여겨진다. 한 쪽의 부르심이 다른 쪽의 부르심을 압도해 서서히 다른 쪽의 부르심을 소멸시키거나 두 부르심을 나누어서 이중생활을 하게 하는 유혹이 매우 크기 때문이다. 사업을 하고 있는 모든 믿는 사람들은 자신의 성품이나 생활에 대해 질문을 받을 것이고, 사업적 부르심을 추구하는 모든 사역자들도 비난의 포화를 맞거나 내면에서 일어나는 갈등을 겪거나 개인적인 스트레스를 이기는 시험을 거쳐야 할 것이다.

　감사하게도 우리 주님의 삶 안에 위대한 모범이 있다. 주님은 하나님 나라에서의 신분과 인간으로서 갖게 되는 정체성 사이에서 찢기는 분열을 겪으면서도 당신의 온전하심을 유지하셨다. 사탄과 대중들의 요구를 거절하심으로 그분은 십자가를 지셨다. 그분이 우리를 위해 지불하신 대가가 모자랄 것이라고 예상할 수 있을까? 복음은 우리가 십자가 때문에 주님을 따라 온전함에 이를 수 있는 잠재력이 갖추어져 있다고 말한다. 사업과 사역 안에서의 성숙함은 주님의 부활에 대한 온전한 믿음에서 나온다. 우리가 그분이 기뻐하시는 길 가운데서 우리를 위해 택하신 부르심을 따라간다면 궁극적으로 우리는 가장 높으신 주님의 종으로서 뿐 아니라 전문 직업인으로서 사업계 안에서도 실패하지 않을 것이다. 우리는 사업과 사역 사이의 차이점을 결코 가볍게 여겨서는 안 된다. 차이점은 전혀 다른 종류의 기술이 필요한 두 개의 다른 운동 영역이라고도 할 수 있다. 예를 들면, 농구와 축구는 둘 다 용기, 결단 그리고 스포츠맨십이 필요한 경기다. 그 경기의 진정한 챔피언들이 보여주는 진실함 혹은 자질에는 어떤 탁월함이 있다. 그러나 당신이 축구에 필요한 훈련이나 기술, 규칙을 농구의 그것들과 혼동한다면 챔피언이 될 수는 없다. 마찬가지로 사업과 사역에서도 각각 추구해야 하는 실제적인 규칙들이 있어야 한다. 그리고 그 두 가지를 통합하기 위해서는 우선 둘 사이의 차이점을 인식하고 나서 두 영역을 지원하기에 충분한 신학적 기반을 세워야 한다.

1923년 미국 대통령 캘빈 쿨리지는 "미국의 주산업은 사업을 하는 것이다"라고 말했다. 그가 의미한 바는 국가로서 미국은 사회의 모든 영역에서 시장을 지향하는 사업 문화가 널리 퍼져 있다는 것이다. 이 말은 어느 정도는 오늘의 미국이나 다른 산업화된 나라들이 갖고 있는 개념이다. 그러나 하나님 나라를 섬기도록 부르심을 받은 사람들이 일하는 것은 어떠한가? 사업이 시장에 기초하고 있는가? 그것들이 '통상적인 사업'으로만 존재할 수 있을까? 쿨리지 대통령의 재정정책으로 미국은 1920년대에 증권 시장에 붐을 일으켰으나 그 이후 경제공황을 초래하고 말았다. 하나님께서는 사업을 하고 계신가? 그렇다면 그분의 왕국에서 주님의 '사업'은 무엇인가?

구약 성경은 상업에 대해 일관되게 긍정적인 자세를 보인다. 믿음의 사람이며 주님의 친구로 표현된 아브라함은 금, 은, 가축이 매우 많은 부자였다(창 13:21). 솔로몬 왕은 하나님에게 지혜를 받아서 국제 무역을 통해 종국에는 부를 축적했고, 예루살렘에 하나님의 성전을 건축했다. 성령의 감동을 받아 이렇게 쓰기도 했다. "여호와께서 복을 주시므로 사람으로 부하게 하시고 근심을 겸하여 주지 아니하시느니라"(잠 10:22).

그러나 성경에 따르면 시장에서의 모든 행위들은 인류를 향하

가이사의 것, 하나님의 것

신 하나님의 도덕적인 목적에 적합해야 했다. 아모스 선지자는 가난한 사람에 대한 불공정한 과세와 뇌물을 받는 행위에 대해 경고했다(암 5:11-12). 그것은 부가 아니며, 불의, 도둑질, 사기 행위, 거짓 수단으로 부당한 이익을 착취하는 것으로 하나님의 징계를 받게 될 행위이다.

신약 성경은 상업에 대한 어떤 편견도 소개하지 않는다. 대신에 우리는 부에 대해 보다 깊이 있게 이해해야 한다. 진정한 부는 '하늘의 보화' 로 설명되는데 예수님께서는 우리가 세상의 부를 추구할 것인지 하늘의 보화를 추구할 것인지 중요한 선택을 내려야 한다고 말씀하신다. 예수님도 열두 살이 되셨을 때 자신의 육신의 부모에게 이렇게 말씀하셨다. "내가 내 아버지의 사업에 관여해야 할 줄을 알지 못하셨나이까?" (눅 2:49 NKJV). 여기서 예수님께서 언급하는 아버지는 그의 육신의 아버지인 건축 일을 하는 요셉이 아니라 하나님 나라의 건설 사업을 진행중인 하늘에 계신 아버지를 의미하는 것이다.

누가복음에 보면 예수님의 부모는 그분이 말씀하시는 것을 이해하지 못했다. 그럼에도 불구하고, 예수님은 고향 나사렛으로 돌아가 부모님께 순종하며 사셨다. 예수님은 목수로서 아마도 고객들이 요구하는 모든 종류의 물품들을 만드셨을 것이다. 죄인들도 예수님과 그의 아버지 요셉과 일로써 계약을 맺었다. 선한 자들이든 악한 자들이든, 구매자들은 예수님께서 만드신 물건을 보고 기뻐했다(감사하게도 오늘날 예수님 손으로 만든 제품들은 남아 있지 않다. 그런 것이 남아 있다면 사람들이 얼마나 우상화했을까?).

예수님께서 겉만 그럴듯한 일을 하시거나, 고객에게 계산을 속이거나 재료를 대주는 공급업자에게 대금 지불을 미루거나 했다고 생각하기는 어렵다. 그분은 좋은 건축가, 목수였고 정직한 사업가였음에 틀림없다. 그분은 세금을 내고 십일조를 드렸다. 그분과 그분의 가족은 일을 탁월하게 해냈고 올바로 생활했기에 사람들의 존경을 받았음에 틀림이 없다.

예수님께서는 자신이 사역하고 있는 일하는 사람들의 일상에 대해서 매우 친숙하게 알고 계셨다.

예수님께서는 그들 가운데 한 사람의 전문 직업인으로 계셨다. 반면에 우리는 예수님께서 목수로 생활하실 때 성령에 감화되어 말씀하신 기록을 찾을 수 없다. 그 기간은 예수님께서 사역을 준비하시는 기간이었다. 누가복음 16장에서 예수님은 제자들을 훈련시키면서 그들이 세상의 사업에 먼저 충실해야 하늘나라의 사업을 맡기실 것이라고 하신다.

> 지극히 작은 것에 충성된 자는 큰 것에도 충성되고 지극히 작은 것에 불의한 자는 큰 것에도 불의하니라 너희가 만일 불의한 재물에 충성치 아니하면 누가 참된 것으로 너희에게 맡기겠느냐(눅 16:10-11).

예수님을 따르는 많은 신실한 신자들은 자신들의 일, 말하자
면 세상에서 벌이는 사업과 하나님께서 자신들에게 주신 '사역'
이 같은 것이라고 생각한다. 내 생각에 이것은 혼란을 가져온다.
사업은 사업이고, 사역은 사역이다. 그에 비해 우리의 이중 역할
에 대한 개념과 두 영역 안에서 각각의 특징들을 유지하는 것이
성공하는 데 꼭 필요한 것이라고 이해하면서, 세상 안에서 사업
을 경영하는 것에는 잘못이 없다. 사업과 사역을 통합한다는 것
이 각각의 고유한 영역을 부인하는 것은 아니다. 언젠가 내가 믿
음의 사람들을 핍박하는 한 나라에 머무를 때, 한 사람이 찾아와
이렇게 말한 적이 있었다. "저는 고객들에게 제 믿음에 대해 간
증하고 싶은 열망과 그 고객들에게 계약에 따른 책임인 전문적
인 조언을 하는 것 사이에서 고통을 받고 있습니다." 나는 그에
게 고객들에게 지혜와 정중함 그리고 개인적인 기도와 함께 직
업상의 전문적인 조언은 하고 또 근무시간 이후에 하나님께서
개인적인 관계를 맺도록 하신 사람들에게는 전심을 다해 간증하
라고 말했다.

수년 간 NEC에서 일하고 있을 때 나는 성경말씀에 몹시 목말
라 하는 젊은이를 만났다. 그는 거의 매일 아침 내게 와서 성경
에 대한 질문들을 했다. 나는 그에게 대답해 주는 것이 큰 즐거
움이었지만 업무에도 늦지 않게 항상 많은 신경을 썼다.

몇 개월 후 일과를 끝내고 그를 저녁 식사 자리에 초대했을 때

하나님이 관심 두시는 사업

였다. 후식을 들기 직전 그는 순전한 회개와 함께 예수님을 구주로 영접하는 기도를 드렸다. 지금 그는 오사카에서 목회자로 섬기고 있다. 일을 위한 시간과 간증을 위한 시간 사이에 언제나 분명한 선이 있는 것은 아니다. 그러나 우리가 우리를 고용한 고용주에 대한 약속을 충분히 이행한다면 우리의 책임감 없는 행위로 인해 사단에게서 정죄 받을 기회는 줄어들 것이며 그러면 우리는 함께 일하는 동료들에게 보다 강력하게 간증을 하는 것이 된다.

세례 요한은 회개와 거룩함에 대해 설교했지만, 점령 로마군을 섬기는 일이나 로마를 위해 세금을 걷는 일 등 환영 받지 못한 일들을 하는 이들에게 그들의 직업들을 버리라고 요구하지 않았다.

> 세리들도 세례를 받고자 하여 와서 가로되 선생이여 우리는 무엇을 하리이까 하매 가로되 정한 세 외에는 늑징치 말라 하고 군병들도 물어 가로되 우리는 무엇을 하리이까 하매 가로되 사람에게 강포하지 말며 무소하지 말고 받는 요를 족한 줄로 알라 하니라(눅 3:12-14).

예수님께서는 그분의 유명한 산상수훈에서도 말씀하셨다. "이같이 너희 빛을 사람 앞에 비취게 하여 저희로 너희 착한 행실을 보고 하늘에 계신 너희 아버지께 영광을 돌리게 하라"(마

가이사의 것, 하나님의 것

5:16). 우리의 직업 의식, 성숙함, 지혜, 성공은 우리의 '착한 행실'이 되며 이는 사업계 안에 하나님 나라를 확장하는 일에서 우리의 친구, 동료들에게 본이 된다.

사람들은 우리의 착한 행실들을 보고 끌려 온다. 우리가 마음을 주고 머무를 수 없고, 세상적이며 경제만 중시하는 도시보다 훨씬 위대하고 더욱 현실감 있게 하늘나라를 설명할 때 그들은 우리가 전하는 믿음의 말들에 대해 관심을 갖고 들을 것이다.

예수님은 목수의 아들이면서 하나님의 약속된 구원자이시다. 그분은 당신의 두 가지 부르심을 혼동하지 않으셨고 완전하고 성실한 삶을 유지하셨다. 지금 우리에게 믿음과 구원의 가능성이 존재하는 것은, 주님이 자신이 하시던 일을 내려놓고 일터를 떠나 하나님 나라에 대해 설교하기 시작하셨기 때문이다.

성경은 말한다. "예수께서 온 갈릴리에 두루 다니사 저희 회당에서 가르치시며 천국 복음을 전파하시며 백성 중에 모든 병과 모든 약한 것을 고치시니"(마 4:23).

거듭난 자는 누구나 예수님의 십자가의 죽으심과 부활하심과 함께 완전한 정체성을 통해 새 생명을 받았다. 그분과 함께 우리는 죽음에서 생명으로 옮기웠고, 우리의 새 삶 속에서 하나님의 영은 우리를 날마다 예수님의 형상으로 변화시키고 계시다.

우리의 부르심은 그분과 같이 되는 것이다. 우리 모두는 각자의 부르심을 이루기 위한 믿음의 분량과 영적 은사를 받는다. 우리 모두는 성령에 의해 예수님의 사역의 한 부분을 맡는다. 모든 신자들이 제사장으로서 참여하는 사역은 오직 하나가 있을 뿐이다. 그것은 예수님의 사역이다. 그분은 우리의 완벽한 모델이시고 하나님 나라의 사업을 위한 살아 있는 멘토(조언자)가 되신다. 그분의 사역은 기도, 교육, 설교, 예언, 위문, 치료였고, 굶주리고 가난한 자를 돕고, 죽은 자를 일으키며 자신을 희생으로 드리는 것들이었다. 참된 사역이라면 이러한 요소들을 직접 지원하거나 다루게 될 것이다.

대부분의 세속 세계에서 일하는 그리스도인들은 생활의 필요를 벌어서 채우도록 부르심을 받았고 일부 그리스도인들은 전임 사역으로 부르심을 받아 전적으로 다른 이들의 헌금으로만 생활의 필요를 공급받는다.

믿는 자들이 일터에서 일하는 것은 사역을 위한 준비가 되거나, 사역을 위한 수단이 되거나 혹은 동시에 두 목적을 이루기 위한 것일 수 있다. 위대한 사도 바울은 자신의 제자 양육과 교회 개척 사역을 지원하기 위해 텐트를 만들어 팔았다. 그가 텐트를 만들면서 복음에 대해 설교했다는 기록은 없다. 도리어 그는 직업적 도구들을 내려놓은 후 회당에 가거나 장터로 나가 예수 그리스도의 복음을 전했다.

사도 바울의 영감 있는 예화 가운데 꽃몇은 그의 사역 경험에서 왔다. 그는 아굴라와 브리스길라와 학께 일했던 고린도의 교인들에게 쓴 편지에서 이렇게 말하고 있다.

> 만일 땅에 있는 우리의 장막 집이 무너지면 하나님께서 지으신 집 곧 손
> 으로 지은 것이 아니요 하늘에 있는 영원한 집이 우리에게 있는 줄 아나
> 니 과연 우리가 여기 있어 탄식하며 하늘로부터 오는 우리 처소로 덧입
> 기를 간절히 사모하노니 이렇게 입음은 벗은 자들로 발견되지 않으려 함
> 이라 이 장막에 있는 우리가 짐 진 것 같이 탄식하는 것은 벗고자 함이
> 아니요 오직 덧입고자 함이니 죽을 것이 생명에게 삼킨바 되게 하려 함
> 이라(고후 5:1-4).

테트를 만드는 일은 바울의 사역이 아니었지만 사역을 위한 수단이었다.

성도들은 그들이 만드는 모든 제품에 복음 성구를 집어넣어야 한다는 강박 관념을 가져서는 안 된다. 그러나 모든 믿는 직업인들은 그들이 맡은 일에서 탁월함과 성실함을 보이기 위해 애써야 한다. 날마다 열심히 일해서 일터에서 성공을 거두고 그 다음에 우리는 정당하게 자유로움으로 예수님께서 하신 것처럼 대가 없이 복음을 가난한 이웃에게 제시할 수 있다.

같은 방식으로 믿는 직업인들은 상업 활동에 있어 도덕적 탁월함을 위해 노력해야 하며 하나님 나라의 복음을 설교하는 자들은 상업주의에 오염된 복음을 설교해서는 안 된다. 우리는 사

도 바울이 설교한 것처럼 복음을 설교해야 하며 재정적 판촉이나 자기 과장 혹은 이기적 야심이 없는 복음을 전해야 한다.

형제들아 우리의 수고와 애쓴 것을 너희가 기억하리니 너희 아무에게도 누를 끼치지 아니하려고 밤과 낮으로 일하면서 너희에게 하나님의 복음을 전파하였노라(살전 2:9).

누구에게서든지 양식을 값없이 먹지 않고 오직 수고하고 애써 주야로 일함은 너희 아무에게도 누를 끼치지 아니하려 함이니(살후 3:8).

사업은 사회에 제품이나 서비스라는 가치를 제공하기 위해 존재하며 기능을 유지하고 성공하기 위해 이익을 내야 한다. 경영에 관한 베스트셀러 작가인 하리 맥케이(Harrey Mackay)는 이렇게 말했다. "시장이 제공하는 유일한 보상이 있으니 그것은 '돈'이다. 만일 당신이 돈을 벌지 못한다면 거기서 빨리 탈출하라."

세상에서의 소명은 돈을 버는 것을 의미한다. 옥스퍼드 세계 선교 연구 센터의 칼리얀 다스(Kalyan Das)박사는 하나님 나라의 전문 직업인이 되길 열망하는 사람들에게 이렇게 말했다. "돈을 버는 것은 당신 사업의 목적이 될 수 없습니다. 돈을 버는 것은 당신 사업을 정의 합니다." 믿는 자들이 돈을 버는 것은 잘못된 것이 아니다. 그것이 하나님에게 받은 사명이라면 말이다. 시편의 말씀을 보라.

> 땅과 거기 충만한 것과 세계와 그 중에 거하는 자가 다 여호와의 것이로다(시 24:1).

그래서 부를 창출한다는 것을 요약하면, 하나님의 피조물 안에 숨겨져 있는 것에서 하나님의 축복들을 받아내는 것이다. 십일조나 헌금에 의존해서 살아가는 전임 사역자조차도 그 돈들이 어업, 농업, 공업, 제조업 그리고 시장에서 재화나 서비스에 의한 이윤을 통해 헌금함에 헌금으로 넣어지는 것이라는 사실을 인식해야 한다. 우리는 성공할 것을 굳게 믿으며 열심히 일해야 한다. 그러나 돈을 버는 사업이 하늘나라에서의 우리의 사업과 동일한 것이라고 믿어서는 안 된다. 전문가로서의 성공은 하나님께서 주시는 놀라운 축복이다. 그러나 그분이 주시는 보다 큰 축복은 우리가 우리의 사무실을 떠나 대가없이 영원한 보상을 기대하며 복음의 사역을 시작할 때 주어진다.

이것은 우리가 돈을 벌거나 사역을 동시에 할 수 없다는 것을 의미하지 않는다. 두 영역이 근본적으로 분리된 세계임을 이해한다면 우리도 사도 바울처럼 사업계와 하나님 나라를 위해 일할 수 있다. 예수님께서는 '네가 하나님과 돈을 동시에 섬길 수 없다'고 하셨다. 주님만이 우리의 유일한 주인이시다. 그분만이 사람들을 불러 다양한 방법들로 세상적인 사업과 영적인 사역을 통해 그분을 섬기도록 하신다. 사업이 성공하도록 하나님께서 주시는 축복은 복음을 전파하고 제자를 양육하며 하나님 나라를 확장하는 일에 시간과 자원을 드릴 수 있는 기회가 된다.

실제적으로, 당신에게 적절한 수입이 있고 당신 직업에 대한 평판에 확신이 있다면 당신은 장단기의 선교 여행에 시간을 낼 수 있으며, 성경 학교를 하거나, 성경과 신앙서적을 지역 교도소에 전달하거나, 가정에서 성경공부를 인도하거나 하는 데도 시간을 낼 수 있다. 당신이 기업가라면 다른 나라에서 복음을 전하는 데 도움이 되는 사업체를 세우기 위해 기도하라.

당신이 이동성이 있고 시장 가치가 있는 기술을 보유했다면 복음에 대해 닫혀 있는 나라에 당신을 파견할 수 있는 회사에서 일자리를 찾을 수 있을 것이다. 전통적인 회사에 근무한다면, 근무 시간 이외에 당신의 동료를 주님 앞으로 인도하는 방식을 찾아보라. 회사의 분위기가 당신에게 회사 모임에서 설교하거나 간증하도록 요청한다면 그렇게 할 수 있다. 당신이 세상적인 추구와 하나님 나라의 추구 사이의 차이를 구별하는 것은 중요하다. 그래서 "가이사의 것은 가이사에게 하나님의 것은 하나님에게 드리는 것"이 중요하다.

가이사의 것, 하나님의 것

4 창조적 긴장

여러 문화들 사이에서 성장하고 두 가지의 부르심 가운데 살아가고 있는 어떤 이들과 같이, 나도 주님의 이끌림을 받는 것의 가치를 여러 번 경험했다. 많은 경우에 나는 과도한 압박감 때문에 견디지 못하겠다는 생각을 했었고, 그때마다 나는 그 부르심을 피하려고 인간적 방법들을 모색해 보는 시험에 빠지곤 했다. 나는 이런 긴장에서 풀려나는 진정한 방법은 주님의 위로하시는 임재에 거하는 것임을 발견했다. 긴장은 때로는 과로나 죄 또는 우리 생활 습관의 균형이 깨지면서 일어날 수 있다. 그러나 믿는 사람의 삶 속에서 긴장은 또한 주님의 손길로 일어날 수도 있으며 긴장은 주님의 지고한 목적의 한 부분을 이룰 수 있다.

팽팽한 긴장 상태의 활줄은 화살을 표적까지 보내는 에너지를 분출한다. 연주회의 바이올리스트는 아름다운 아리아를 연주하기 위해 자기 악기의 줄들을 완벽한 상태로 팽팽하게 유지시킨다. 반대되는 양자, 전자의 힘에 의해 발생되는 긴장이 우리 우주의 사물들을 함께 붙들고 있다.

긍정적인 긴장은 인간 생활의 중요한 부분이 된다. 영적 긴장 또한 긍정적인 형태로 존재한다. 이런 종류의 긴장은 메시아이신 예수님의 삶에서 가장 잘 드러난다. 그분은 인간의 육신을 입으신 하나님이시고, 온전한 인간이시고, 온전한 신이시며 여전히 완벽하며 전부이신 분이시다. 예수님의 삶은 하늘과 땅 사이에 펼쳐지셨으며 그것들을 연결하시며 또한 모든 믿는 자들을 위한 길과 진리와 생명이 되셨다.

긴장을 창조적으로 다루는 데는 용기와 인내가 필요하며 긴장에서 힘과 생산력이 흘러나온다.

사업과 재정에는 창조적 긴장이 있다. 자산의 흐름, 비용 그리고 수입 등의 균형이 유지되는 것은 건전한 재정 관리의 한 부분이며, 이것은 좋은 사업을 개척할 수 있도록 한다.

수입을 극대화하고 비용을 최소화 하면서 재무지표를 건전하게 유지하기 위해서는 회사 전체 조직 내에 긍정적인 재정 긴장도를 '조성' 할 필요가 있다.

마찬가지로 연구 개발 부분과 영업 판매 부분 사이에는 강하지만 긍정적인 긴장이 존재해야 한다. 판매 부서 사람들은 제품이 더 많은 특징들을 갖고 있고, 인도 시기는 더 빨라지기 원하며 또 광고도 많이 할 수 있기를 바란다. 반면 엔지니어들은 신

제품을 생산하거나 특징을 부여하기 위해 더 많은 시간과 자원을 필요로 한다. 재무 담당자는 언제나 비용을 최소화하려고 노력한다. 사업체 안의 창조적 리더들은 회사 내의 상호 경쟁적인 이해 관계에서 형성하는 긴장들을 기업이 앞으로 전진하는 데 필요한 동력으로 바꾸는 것을 배운다.

사업과 사역 사이에는 고유한 긴장이 있다. 주님이 부활하신 후, 예수님께서는 그분의 모든 제자들에게 열방을 제자화하라는 명령을 주셨고 그래서 사업계 안에 있는 모든 믿는 자들은 어느 정도 하늘과 땅 사이의 긴장을 느낄 것이다.

근대 세계에서 사역과 통합된 사업은 창조적 사고를 필요로 하는 새로운 패러다임이며 말씀을 이해하는 데 필요한 새 열쇠가 된다. 예수님께서 희생적인 십자가 죽음과 계속되는 영광스러운 부활을 통해 그분이 인간으로 성육신하심으로 발생한 긴장을 강력하게 해소하신 것처럼, 믿는 사업가들은 자기의 의에 대해서는 죽고 부활의 생명의 능력 안에서 걷고 일함으로써 자신들에 대한 이중의 부르심에서 오는 긴장을 해소해야 한다. 우리의 목표가 주님의 사역을 완성하는 것이라면 우리는 개인적인 손실을 감수할 수 있고 사도 바울처럼 "내게 능력 주시는 자 안에서 내가 모든 것을 할 수 있느니라"고 선포할 수 있다. 사업과 사역에 대해 가르치면서 나는 이중의 부르심 안에 있는 본래적으로 다르고 종종 상반되는 힘을 어느 하나라도 감소시키지 않

창조적 긴장

고 통합하는 데 주력해야 한다고 믿는다. 통합된 생활 방식을 다루는 데 성공한다면 복음을 위해 큰 결실을 맺을 수 있을 것이며 또한 우리 각자도 개인적인 유익을 얻게 될 것이다. 그러나 창조적 긴장 상태 속에 서 있으려면 영적인 힘이 필요하며 그 과정 속에서 우리 모두는 어떤 대가를 치러야 한다.

Part Two

하나님 나라의 사업

The Business of the Kingdom

리타(Rita)와 내가 일본에서 일을 하면서 사역을 감당하는 몇 년 동안 우리는 하나님께서 우리를 이스라엘로 부르고 계심을 알게 되었다. 동경에는 많은 유대인과 이스라엘인 친구들이 있었지만 여기서 다시 한번 우리가 이 두 세계를 잇는 다리 역할을 하고 있다는 것을 알게 되었다. 우리는 동경에 사는 믿음의 공동체의 리더로서 뿐만 아니라 일본에서 일하고 있는 유대인 공동체의 일원으로서도 함께 하고 있었다.

일본 생활을 시작한 지 5년 뒤 우리는 이스라엘을 향한 주님의 구체적인 인도하심을 구하기 시작했다. 우리는 확신과 증거를 보게 해달라고 간구했다. 1987년, 주님은 일본에서 곧바로 이스라엘로 갈 수 있도록 문을 열어주셨는데 우리는 그 때가 떠나야 할 때라는 것을 알게 되었다.

하나님께서는 이렇게 말씀하셨다, "지금이 바로 그 때다. 나는 너희가 일본에서 그리고 너희가 협력해 세웠던 그 교회에서 떠나 이스라엘로 가기 원한다. 너희는 거기서 새로운 사역의 한 부분을 감당하게 될 것이다."

그렇게 해서 떠나게 되었다. 이번에도 다시 한번 사업을 통해서 움직이게 되었다. 내가 일본에서 일하던 회사는 이스라엘에 지사가 없었고 그래서 나는 이스라엘 대사관에 가서 첨단 기술을 다루는 회사의 명단을 구했다. 나는 그 명단에 있는 모든 회사에 이력서를 보냈다. 그 중 한 회사에서 긍정적인 답변을 보내왔다, "저희는 아시아에서 저희 사업을 발전시킬 당신과 같은 사람을 찾고 있었습니다. 한번 만나 뵙고 싶습니다." 일 년 반 후에 우리는 채용 협상을 위해 함께 만났다. 채용 담당자가 이렇게 말했다, "우리는 당신을 하이파(Haifa)시에 배치할 예정입니다. 당신 부인이 유대인이기 때문에 그냥 이민자로 오시면 됩니다. 다른 것은 우리가 다 처리하겠습니다."

이 회사에서는 "시온에 오르다"라는 뜻을 가진 알리야(aliyah, 유대인의 이스라엘 이주)를 위해 서류 작업을 마치고 우리를 데려왔다. 우리는 곧바로 하이파(Haifa)시로 이주했다. 하이파(Haifa)시는 산 위에 세워져 있었다. 우리는 갈멜산(Mount Carmel) 꼭대기에 있는 아파트를 얻었다. 엘리야 선지자가 바알의 거짓 선지자들과 대면하는 열왕기상 18장에 나오는 곳이 바로 이곳이다. 하나님께서는 세계적인 상업 도시인 동경에서 엘리야의 산으로 우리를 옮겨 놓으셨다. 그리고 그 후 2년

간 나는 동아시아에 이스라엘 회사의 지부를 세우는 일을 맡았다. 호주와 뉴질랜드 지역도 맡았기 때문에 나는 많은 출장을 다녀야 했다. 내가 일본에 있는 동안에는 거의 일본 시장에만 집중을 하고 있었기 때문에 전에 일본에 있을 때 내가 보지 못했던 아시아에 관한 것들을 더 많이 볼 수 있었고 적어도 전보다 20배 이상이나 큰 시장을 담당하게 되었다.

또한 하이파(Haifa)에 있는 집으로 돌아올 때면 우리가 이 사회에 뿌리내리도록 일하고 계시는 주님을 느낄 수 있었다. 나는 진짜 이스라엘 회사에서 일하고 있었다. 이스라엘에서는 토요일이 안식일이고 일요일은 일주일이 시작하는 일하는 날이다. 그리고 크리스마스는 별로 특별한 날이 아니다. 그 날도 평소와 같은 날이다. 새해 전 날은 중세 로다 교황의 이름을 따서 '실베스터(Sylvester)' 라고 부르며 로쉬 하샤나(Rosh Hashanah)라고 부르는 새해는 가을에 있다. 나의 동료들은 나처럼 많은 여행을 하는 대부분 세속적인 이스라엘인들이었다. 그들 중 많은 이들이 이태리를 좋아하는데 그들은 이태리의 기후와 음식과 문화를 사랑했다. 그래서 나는 농담처럼 이렇게 이야기를 하곤 했다, "로마에 갈 때는 그곳에 있는 유명한 이스라엘 사람들의 조각상 보는 것을 잊지 마세요." 그럴 때면 그들은 나를 이상하게 쳐다본다. 그리고 나는 그들이 무슨 생각을 하고 있는지 알 수 있다. "누구를 이야기하는 거지? 데이빗 벤 구리온(David Ben

Gurion 역자 주 - 이스라엘 초대 수상)인가? 아니면 모쉐 다얀 (Moshe Dayan 역자 주 - 이스라엘의 정치가, 건국의 국민적 영웅)인가? 그것도 아니면 골다 메이어(Golda Meir 역자 주 - 이스라엘 여성 정치가)를 말하는 것인가?" 그래서 나는 이렇게 이야기를 했다, "그래요 로마 중심지에는 긴네렛(Kinneret - 히브리 말로 갈릴리 호수를 의미한다)에서 온 한 어부를 기념하는 큰 광장이 있어요." 그렇게 이야기를 하면 그 친구들은 더욱 어리둥절해 한다. 바로 그때 나는 내가 바티칸에 있는 성 베드로 성당을 말하고 있다는 이야기를 한다. 로마가 예수님과 그의 유대인 사도들을 너무 이방인들처럼 그리고 있어서 그들이 유대계 이스라엘인들로 인식되어지지 않아 안타까웠다.

이와 함께 많은 유대인들이 예수님을 거부하고 있어서 그들 가운데 극히 일부분만이 신약성경을 읽고 있다는 사실 또한 슬픈 일이다. 신약성경이 인류역사상 단일 문서로는 가장 영향력이 있으며, 이스라엘에서 일어난 일들과 유대인들에 대해서 거의 대부분 유대인들에 의해 쓰여진 글이라는 사실에도 불구하고 말이다.

걸프전이 있었던 1991년 우리는 전환기를 맞았다. 우리는 전쟁이 발발하기 3년 전부터 이스라엘에 있었고 생명의 위협을 느꼈다. 사담 후세인은 미사일로 이스라엘의 반을 불태우겠다고 위협했다. 우리는 그의 공격에 대비해 방독면을 준비하고 방을 손보고 혹시 있을지도 모를 화생방전에 대비해 아이들에게 교육까지 시켰다. 전쟁이 다가오고 있었다. TV에서는 현지 방송만 잡히기 때문에 우리는 한밤중에 걸려온 미국 플로리다에 있는 친구의 전화를 통해서 CNN방송이 폭격으로 불바다가 된 바그다드 시가를 방영하고 있다는 소식만 들었다.

전쟁은 곧 끝이 났고 하나님께서 이스라엘을 기적적으로 보호하셨다. 우리 도시를 목표로 한 미사일 30발 중 9발만이 이스라엘을 향해 날아왔다. 첫째날 밤 건설 중이던 쇼핑몰에 미사일이 명중했다. 그 후 그 쇼핑몰은 스커드(SCUD 역자 주 - 장거리 지대지 유도 미사일의 NATO 코드명)돌로 알려져 있다. 한 미사일은 우리 동네 가까운 상공에서 폭발하는 바람에 집들이 흔들리고 유리창이 부서져 파편이 거리에 쏟아졌다. 수백 킬로미터 밖에 있는 알지도 못하는 사람들이 우리를 죽일 수 있다는 사실을 알게 한 이 전쟁 경험을 통해 우리는 삶이 바뀌는 경험을 했다. 그 전쟁 후 우리는 이스라엘인으로서 한 단계를 넘고 있다는 것을 느꼈다. 그 경험을 통해서 새로운 땅의 토양에 우리의 뿌리가 내려지고 있었다. 그때는 바로 주님이 예비하신 카이로스(Kairos, 주님의 때)였던 것이었다. 전쟁이 끝난 몇 개월 후 주님은 마약 중독 재활 사역을 하기 위해 하이파에 온 한 커플과 한 팀을 이루게 하셨다. 데이빗(David)고 케런(Karen)은 마약에 중독된 유대인과 아랍인들을 돕기 위한 센터를 시작했다.

그들의 집에서 성경공부 모임을 했고 리타와 나는 그 성경공부에 함께 참석했다. 그리고 우리는 함께 이렇게 기도했다. "주님, 지금 새로운 교회를 시작하시는 겁니까?" 오래지않아 주님이 응답해 주셨다. 우리는 하나님께서 이렇게 말씀하시는 것을 느꼈다. "그래, 내가 지금 교회를 시작하는 것이란다." 그렇게 해서 1991년에 우리는 교회를 시작하게 되었고 나는 협동목사로 섬겼다.

갈멜산(Mount Carmel)에서 목회를 하고 있을 때 경험 많은 사역자가 그의 부인과 예루살렘에서 이사를 왔다. 루벤(Reuven)은 비전을 가지고 사람들을 제자훈련하고자 하는 큰 열정을 가지고 있었다. 그는 가장 먼저 일련의 훈련과정을 통해서 목회 팀에게 제자화의 비전을 제공했다. 그것은 아주 깊은 계시였다. 그 훈련과정이 절반도 지나기 전에 나는 스스로에게 이렇게 말했다, "이 가르침은 예수님께서 가르치신 핵심을 말하고 있는데 내가 어떻게 이것을 놓치고 있었지?" 12명의 학생들을 예수님의 훈련학교에서 집중적으로 훈련시키는 동안에는 군중들로부터 떨어져 있는 시간을 지속적으로 가지셨던 예수님을 발견했을 때 신약성경에 대한 나의 이해는 바뀌었다. 만약 세상의 사업이 돈을 버는 것이라면 하나님 나라의 사업은 예수님의 제자들을 만드는 것이다. 이러한 것은 지상대명령에 나타나 있다.

예수님께서는 이렇게 말씀하셨다.

… 하늘과 땅의 모든 권세를 내게 주셨으니 그러므로 너희는 가서 모든 족속으로 제자를 삼아 아버지와 아들과 성령의 이름으로 세례를 주고 내가 너희에게 분부한 모든 것을 가르쳐 지키게 하라 볼찌어다 내가 세상 끝날까지 너희와 항상 함께 있으리라 하시니라(마 28:18-20).

예수님께서 주신 말씀과 행하신 사역은 그분의 제자들을 훈련하는 데 초점이 맞추어져 있다. 비록 그분의 큰 사역은 이 세상을 구원하시는 것이지만 그분은 소수의 신실한 사람들에게 관심을 모으고 계셨다. 작가 E. M. 바운즈가 바르게 말했는데 이렇게 하나님의 역사하심과 구분해 하나님의 사람을 양육하는 것이 하나님 나라의 사업이다. 오스왈드 챔버스는 인류의 성화를 위해 하나님께서 가지고 계신 유일한 종착지는 성도들을 양육하는 것이라고 했다.

주님의 영광은 그분 제자들의 열매 맺는 삶을 통해서 나타난다. 비즈니스 세계에서 한 회사가 아름다운 사무실을 가지고 든든한 공장과 잘 돌아가는 재정시스템을 가지고 있지만 만약 그것들이 제품을 만들지 못하면 회사는 곧 문을 닫을 것이다. 하나님 나라의 사업은 제자화된 사람들을 양육하는 데 있다. 하나님께서는 모든 세대와 나라와 족속과 방언들이 영적으로 변화되기 원하신다. 그분은 그들의 일상의 삶이 그분의 거룩하심, 그분을 닮은 모습과 형상으로 빛나기 원하신다.

마태복음 13장은 갈릴리 호숫가에서 말씀을 전하시는 예수님을 아주 흥미롭게 묘사하고 있다. 그 아름다운 호수는 우리 집이 있는 갈멜산(Mount Carmel)에서 차로 1시간밖에 떨어져 있지 않아서 우리는 자주 그곳을 들르곤 한다. 그곳은 2,3천 명 정도의 사람들이 부드럽게 곡선을 그리고 있는 해안가에 서서 전자 확성기의 도움 없이도 설교를 들을 수 있다.

마태복음에서는 예수님께서 모든 사람들이 그분을 보고 하시는 말씀을 들을 수 있도록 작은 배에 오르셔서 육지에서 조금 떨어지셨다고 기록하고 있다. 그 무리들이 가버나움이나 디베랴(Tiberias), 그리고 주변 마을에서 모여 들었기 때문에 아마 그들은 예수님의 제자들의 친구들이거나 가족이나 전 고용인들과 이웃사람들이었을 것이다. 내 생각에는 제자들이 자신들의 선생이 그들의 고향에서 온 사람들에게 멋진 설교로 감동을 주어서, 자신이 모든 것을 버리고 예수님을 따르는 것을 비웃던 사람들이 그들을 이해하게 되기를 바라고 있었을 것이다.

그 날 예수님께서는 씨 뿌리는 비유를 설교하셨다. 설교 후 제자들은 예수님에게 물었다, "… 어찌하여 저희에게 비유로 말씀하시나이까?"(마 13:10). 내 생각에는 예수님의 설교가 사람들에게 전혀 감동을 주지 못했기 때문에 제자들은 예수님께 그렇게 조심스럽게 질문을 한 것 같다. 제자들은 사람들의 반응에 심각하게 실망했을 것이다. 그리고 사실 무리 중 많은 사람들이 예

하나님이 관심 두시는 사업

수님께서 하신 설교를 이해할 수 없다고 제자들에게 말했을 것이다. 그들은 씨 뿌리는 것 같은 농사짓는 이야기 대신에 지혜 있는 말을 듣기 위해 왔었다.

예수님께서는 제자들에게 놀라운 답변을 하셨다.

> 대답하여 가라사대 천국의 비밀을 아는 것이 너희에게는 허락되었으나 저희에게는 아니되었나니 무릇 있는 자는 받아 넉넉하게 되되 무릇 없는 자는 그 있는 것도 빼앗기리라 그러므로 내가 저희에게 비유로 말하기는 저희가 보아도 보지 못하며 들어도 듣지 못하며 깨닫지 못함이니라(마 13:11-13).

예수님께서는 그들이 예수님의 말씀을 듣기 위해 온 것이 아니라는 본질적인 이야기를 하셨다. 그들은 흥미 있는 어떠한 이야기를 듣기 위해 그리고 기적을 보고 공짜 빵과 생선을 먹기 위해 왔던 것이다. 그리고 그들은 결국 그들의 일상으로 돌아갔다. 그들은 이러한 모임에 오는 것에 흥미를 가지긴 했지만 박해가 시작되면 사라졌다. 그러나 무리들이 다 집으로 돌아간 상황에도 남아서 예수님과 함께한 사람들은 제자들이었다. 그리고 하나님께서 그분의 비밀을 바로 그들에게 알려 주셨다.

예수님께서는 비유의 의미를 설명하시기 전에 제자들에게 말씀하셨다.

그러나 너희 눈은 봄으로, 너희 귀는 들음으로 복이 있도다 내가 진실로
너희에게 이르노니 많은 선지자와 의인이 너희 보는 것들을 보고자 하여
도 보지 못하였고 너희 듣는 것들을 듣고자 하여도 듣지 못하였느니라
(마 13:16-17).

신약성경에 나오는 이 진리를 보면 무리 중에 앉아 있는 사람
과 주님 앞에 앉아 있는 사람 사이에 존재하는 큰 차이를 알 수
있다. 제자들은 예수님께서 가시는 어느 곳이나 그분을 따랐다.
심지어 모든 이들이 집으로 돌아간 뒤에도.

이 본문을 주의 깊게 읽지 않는다면 아마도 우리는 그 곳에 있
었던 모든 이들이 그 씨앗이 하나님의 말씀이고 그 땅은 각기 다
른 종류의 마음들이라는 것을 이해했으리라고 오해할 수도 있
다. 그러나 그렇지 않았다. 예수님께서는 씨 뿌리는 자의 비유를
오직 제자들에게만 조용히 설명하셨다. 무리들을 위한 전 사역
은 열두 제자들을 위한 '설교예증(Sermon Illustration)'이였던
것이다. 제자들은 온 땅에 흩어져서 하나님의 말씀의 씨를 증거
해야 할 뿐만 아니라, 그들 스스로의 마음이 그 씨가 자라고 열
매 맺는 '좋은 땅'이 되어야 함을 깨달아야 했다.

이것을 보면서 나는 우리 사역의 많은 부분이 예수님께서 행
하신 사역에 역행하고 있다는 것을 알게 되었다. 하나님 나라는
사람의 수를 중요시 하지 않는데도 우리는 우리의 모임에 더욱

더 많은 사람들이 모이기를 원한다. 우리가 할 일은 제자들을 양육하는 것에 더 많은 관심이 있어야 한다. 우리는 "… 너희는 가서 모든 족속으로 제자를 삼아 …"(마 28:19)라고 말씀하신 예수님의 명령을 항상 기억해야 한다.

많은 사람들은 요한복음 17장을 예수님의 '대제사장적 기도'라고 부른다. 정말 그렇다. 그러나 나는 이 본문을 아버지께 올려드리는 '최종 실적보고서' 라고 본다. 예수님께서는 체포당하시고 십자가에 달리시기 전에 이 위대한 기도를 통해 예수님 자신과 그분의 제자들과 모든 성도들을 위해 기도하셨다.

"아버지께서 내게 하라고 주신 일을 내가 이루어 아버지를 이 세상에서 영화롭게 하였사오니"(요 17:4). 예수님께서 말씀하신 '이루신 일' 이란 무엇인가? 구원은 나중에 십자가에서 이루어졌다. 이 기도에서 말씀하신 그 일은 아버지께서 예수님에게 주셨던 이들의 삶을 바꾸는 일이 틀림없다.

그 구절을 주의 깊게 읽어보라. 예수님께서는 그분의 제자들에 대해서 하나님께 이렇게 보고를 드리고 있다.

세상 중에서 내게 주신 사람들에게 내가 아버지의 이름을 나타내었나이다 저희는 아버지의 것이었는데 내게 주셨으며 저희는 아버지의 말씀을 지키었나이다 지금 저희는 아버지께서 내게 주신 것이 다 아버지께로서 온 것인줄 알았나이다 나는 아버지께서 내게 주신 말씀들을 저희에게 주었사오며 저희는 이것을 받고 내가 아버지께로부터 나온 줄을 참으로 아오며 아버지께서 나를 보내신 줄도 믿었사옵나이다(요 17:6-8).

이 구절들을 보면, 예수님께서는 자신을 따르는 자들의 숫자를 늘려달라거나 그분의 사역의 재정을 위하거나 치유의 이적들에 관한 것이나 오천 명을 먹이는 일들에 대해 기도하지 않으셨다. 그분의 기도는 제자들에 대한 것이었다. 그리고 나서 예수님께서는 그분을 따라 제자의 길을 따라가는 우리들 모두를 위해 기도하셨다. "내가 비옵는 것은 이 사람들만 위함이 아니요 또 저희 말을 인하여 나를 믿는 사람들도 위함이니 아버지께서 내 안에 내가 아버지 안에 있는 것 같이 저희도 다 하나가 되어 우리 안에 있게 하사 세상으로 아버지께서 나를 보내신 것을 믿게 하옵소서"(요 17:20-21).

하나님 나라의 전문 직업인으로서 성공하기 위한 필요조건 중 첫째는 급진적인 제자도이다. 제자는 온 마음과 삶으로 주님의 뜻을 따르기로 헌신하는 사람을 말한다.

사람들이 많은 시장터에서도 주님의 제자는 그분과 함께 한다. 하나님께서 사람들을 일터로 부르실 때 그들과 항상 함께 하시기로 약속하신 것이다. 일터에서 제자도에 대한 부르심에 응답한 사업가들을 통해 이 세대에 필요한 추수에 대한 도전이 이루어진다. 그들의 직업과는 상관없이 성화(sanctification)에 대한 하나님의 목적이 그분의 모든 종들에게 주어진다. 사실 믿는 사업가들과 보통의 목회자들은 직면하지 않는 윤리적 기준들과 타협하고자 하는 유혹을 받을 것이다.

사업에서의 부패는 삶의 현실이다. 사업 관계자들은 뇌물을 제공한다. 고객이나 상사가 제공하는 근무시간 이후의 접대는 믿는 사람들에게 도덕적 정결함을 무시하라는 큰 압력을 가할 수도 있다. 그리고 정부에 제출하는 소득 신고서를 위조하라는 유혹이 계속해서 따른다. 일반 믿는 사업가들은 높은 도덕성과 자신의 일을 탁월하게 해나갈 수 있는 하나님의 지혜가 필요하다. 지금 우리에게는 하나님께서 큰 재정을 믿고 맡길 만한 사업가나 주어진 사업 환경 안에서 자유롭고 폭넓게 주님과 협력할 수 있는 종들의 수가 너무 적다.

교회 지도자들은 교회에서 사업가들을 더 격려하고 지원해야 한다. 사업 현장에서 일어나고 있는 도덕적 갈등과 영적 전쟁에 대한 인식을 새롭게 하는 것도 좋을 듯하다. 격렬한 전쟁을 벌이는 사업계에서 사업가들이 살아남도록 돕는 제자 양육 훈련을 제공하는 새로운 비전이 필요하다.

사업가들은 목회자들을 보고 "이 목회자는 내가 얻을 수 있는 것보다 더 높은 거룩함과 기름 부으심이 있어"라는 생각을 해서는 안 된다. 하나님의 말씀을 가르치는 사람들은 더 엄정한 심판을 받을 것이다. 하지만 성경 어디에서 사업가들이 하나님의 말씀을 전해서는 안 된다고 쓰여 있는가? 교회나 교회 지도자들이 갈 수 없는 많은 지역의 추수할 곳에 사업가들이 가서 복음의 문을 열 것이다.

사업가들을 위한 제자도는 단순히 성화(sanctification)하는 것이 아니라 그 이상의 것이다. 제자도의 목적은 영적훈련을 통해서 성품이 자라는 것이다. 잠언에서는 이렇게 말하고 있다.

> 훈계를 저버리는 자에게는 궁핍과 수욕이 이르거니와 경계를 지키는 자는 존영을 얻느니라(잠 13:18).

사업 세계는 매일 일터에서 접하는 도덕성 시험을 통해서 우리에게 믿음을 지니게 하고 성숙함에 이르게 하는 커다란 도전을 주고 있다. 그러나 믿는 자로서 사업계 안에서 사역을 하고자 하는 자들은 자신들과 같은 뜻을 가진 다른 사람들과 연합해 서로를 격려하고 영적으로 지원해야 한다. 하나님 나라의 전문 직업인들 사이의 상호신뢰구축을 통한 개인적인 관계는 어느 무엇과도 바꿀 수 없다. 영적인 상호 책임 체제와 투명성은 건강한 영적 성숙을 위해 필요한 견제와 균형을 제공할 수 있다.

하나님 나라의 전문 직업인들의 위상이 커지면서 그들을 돕고 그들의 영적, 전문적 필요를 채워주기 위한 전문화된 사역들이 나오고 있다. 사업계에서 신자들을 위한 가장 크고 잘 알려진 네트워크는 ICCC(International Christian Chamber of Commerce - 국제기독교상공회의소)이다. ICCC의 설립자인 J. 거나 올슨(J. Gunnar Olsan)은 복음이 현대적인 방법으로 해석되어 사업계에 선포될 수 있도록 하기 위해 1980년대 중반에 이 단체를 시작했다. 그의 비전은 헌신된 사업가들을 전 세계적인 네트워크로 연결해서 서로 친목을 갖고 아이디어, 상품과 서비스를 나누고 서로를 물질적으로나 영적으로 도울 수 있도록 하는 것이다. 홈페이지를 통하면 ICCC와 연락을 취할 수 있다. http://www.iccc.net

또 하나의 혁신적인 사역은 사업과 선교를 하나로 묶고 있는 CEED(Centre for Entrepreneurship and Economics Development)이다. 1997년 열방대학(University of all nations)의 센터로 설립된 CEED는 최전방 선교(frontier missions)를 지원하는 사업 개발을 위한 네트워크를 급속도로 성장시키고 있다. 이 사역의 목적은 열방을 제자화하기 위해 부르심을 받은 자들을 일으키고 준비시키기 위한 세계적인 네트워크를 연결해서 사업 영역을 통해 하나님의 나라를 확장시키는데 있다. CEED는 사업과 일자리를 창출하기 위한 통합 모델을 제시함과 동시에 성경적 기틀을 제공하기 위해 훈련과 자원을 공급하고 있다. 하나님 나라의 발전을 의해 많은 실제 사업의 전문가들이 필요하기 때문에 CEED는 지상대명령에 헌신한 새로운 회사들을 돕기 위해 인큐베이터(incubator – 사업에 진출하고자 하는 신생 기업의 창업을 도와주는 회사를 지칭한다 – 역자주)역할을 하는 회사를 시작하려고 하고 있다. 그리고 세계 여러 곳에서 사업과 선교에 초점을 두는 전문화된 학교들을 운영하고 있다. CEED의 홈페이지는 http://www.ceed-uofn.org.

주님의 몸은 각각의 다른 인생들이 서로 맞물려 짜여진 직물과 같다. 우리는 서로가 없으면 불완전하다. 그리고 하나님께서는 우리가 서로 협력하는 연합체의 모습으로 자신의 역할을 감당하기 원하신다. 어떤 그리스도인들은 직접적인 사역을 하는 다른 이들을 지원하기 위해 일반 사업장에서 일을 하도록 부르심을 받았다. 또 어떤 이들은 고용과 다른 그리스도인들의 수익을 증진시키기 위해 부를 창출하고자 사업을 일으키도록 부르심을 받았다. 타문화권 사업 개척자들이나 텐트메이커(Tent-makers)들은 부유한 자신의 본 교회에 의지하지 않고 사역을 시작해 유지할 수 있도록 하는 현대적인 모델을 개발중에 있다. 십일조를 내고 있는 사업은 여러 종류의 사역들을 지원할 수 있다. 이러한 방법으로 한 사람의 은사로 다른 이의 부르심을 섬길 수 있다. 이것은 하나님께서 전체를 책임 있게 관리하신다는 것과 하나님 나라의 역동적인 경제를 보여 주는 증거이다.

사업을 정직하고 바르게 하는 좁은 길을 갈 때에 돈에 대한 잘못된 생각으로 인한 함정이 길 양옆에 있는 것을 본다. 첫 번째 함정은 사업을 성공시키지 못하고 실패하는 것이다(그리고 나서 그 사업은 '사역'이었다고 말하며 실패를 호소하는 것이다). 두 번째 함정은 성경의 원리와 개인의 영적 성장을 희생하면서 사업의 성공을 추구하는 것이다. 이 두 가지 실수는 자주 탐욕의 죄에 뿌리를 두고 있다. 우리가 하나님의 부르심보다 돈을 더 추구할 때 이러한 죄를 범하게 된다. 한편으로 탐욕이 있음을 부정하거나 탐욕이 죄라는 관점에서 다루어지지 않는다면 믿는 자들은 탐욕에 이르는 육신적인 굴레를 깨트릴 수 없다. 결국 탐심에 굴복하게 되견 믿는 이들의 양심, 증인된 삶, 궁극적으로는 사업계에서 자신의 효율성을 파괴하게 된다. 탐욕으로부터 자유로워지면 믿는 사업자들은 "악인의 꾀를 좇지 아니하며 죄인의 길에 서지 아니하며 으만한 자의 자리에 앉지"

않게 된다(시 1:1). 그 결과 주님의 축복이 있을 것이다.

이 시편의 말씀은 그렇게 하는 자는 무엇을 하든지 번영하게 된다고 약속하고 있다. 축복 받은 사업가는 육체의 정욕을 따라 애쓰지 않고 값비싼 대가를 치르는 실수를 하지 않으며 귀한 관계들을 잘 유지하게 된다. 그렇게 해서 인내와 신실함을 통해서 사업이 번창하게 된다.

탐욕은 믿는 사람이 자신의 사업에서 성공하고 자신이 있는 곳에서 복음을 증거하기 위해서 죽여야만 하는 마음의 죄이다. 이 죄에 대한 유일한 해결책은 깊은 도덕적인 갈등을 통해 우리가 우리에 대해 죽고 하나님의 형상을 지닌 새로운 생명으로 태어나는 예수님의 십자가 밖에는 없다. 십자가는 사업에서 성공하고자 하는 동기인 이기심과 교만의 죽음을 뜻한다. 믿는 사람이 이러한 성공을 누리기 위해서는 세상 사람들이 치러야 하는 것보다 더 많은 값을 치러야 한다. 믿는 사람은 심지어 일을 시작하기 전에 그의 모든 삶을 예수님께 맡겨야 한다. 믿지 않는 사람들은 그들의 소유 일부를 세금의 형식으로 '가이사'에게 주지만 하나님께는 아무것도 드리지 않고 나머지를 자신들이 다 가진다. 믿는 사람들도 세금을 내지만 나머지 것은 하나님께로 간다. 그리고 그 사람은 개인적 필요를 채우고 사업을 확장시키는 데 필요한 것들을 하나님께 다시 받아 사용하게 된다.

하나님께서 사랑이 풍성하고 인자하고 자비하신 통치자가 아니라면 믿는 사업가들은 노예 같은 비참한 상태에 있는 것과 같을 것이다. 그분의 인자하신 성품과 믿을 수 없을 만큼 놀라운 사랑 때문에 이 좁은 길을 통해서 우리는 사업의 성공과 개인 성취를 이룰 수 있다. 얼마나 많은 똑똑하고 재능 있는 사업가들이 세상은 얻었지만 정작 그들의 영혼을 잃어버렸는가? 마지막 심판의 때에 결국 그들이 가지고 있는 모든 것은 하나님께 드려지게 될 것이다. 그들이 그렇게 이기적으로 자신만을 위해 취했던 모든 것들을. 그러나 그것으로 그치는 것이 아니라 더 중요한 것은 그들이 드릴 때를 놓치고 너두 늦었다는 것이다. 이러한 것은 사업을 하는 믿는 자가 취해야 할 유산이 되어서는 안 된다.

존 포터필드는 스스로를 '지상대명령을 수행하는 회계사'라고 부르는 공인회계사이다. 그가 소득의 10퍼센트를 십일조로 주님께 드리는 것에 대해 이런 이야기를 한다. "많은 믿는 이들이 자신들의 소득에서 십일조를 드리면서 하나님을 기쁘시게 해 드리기 위해 할 수 있는 일을 다 한 것으로 생각하고 있다. 이것을 상상해 보라. 내가 내 아이에게 10불을 주면서 시장을 보라고 심부름을 시켰는데 아이가 1불을 되돌려 주면서 '이걸로 필요한 것을 사시지요'라고 한다면 당신은 어떻게 생각할 것인가? 당신의 모든 소유는 주의 것이다. 우리는 단지 그분 소유를 보관하는 관리자들이다. 즉 우리는 우리의 손을 통해 나가는 모든 것에 대한 책임을 지고 있다. 그러므로 우리가 가지고 있는 나머지 90퍼센트를 자기 개인의 용도로 사용한다면 그것은 하나님의 자금을 횡령하는 죄가 된다." 마지막 날에 하나님 앞에 섰을 때 모든 책들이 열리고 천사들이 회계 감사를 행할지도 모른다.

하나님께서 요구하시는 길은 좁기 때문에 믿는 사람들에게 사업은 단순히 하나의 직업이 아니고 하나님의 거룩한 계획의 일부분이 되어야 한다. 주님은 그의 자녀들 한 사람 한 사람에 대한 구체적인 삶의 목적을 품고 계신다. 사업계로 부르심을 받은 자들은 모든 갈등과 어려움과 위기를 극복하기에 충분한 하나님의 은혜를 기대할 수 있으나 그들은 먼저 하나님의 부르심에 대한 확신이 있어야 한다.

사업계를 향한 하나님의 부르심을 집중적인 기도를 통해 주기적으로 확인하는 것은 아주 중요하다. 사업계로 부르심을 받은 예수님의 모든 제자들은 예수님께서 목수로 18년 동안 성공적으로 생활하시다가 그곳을 떠나서 다시는 그 일로 돌아가지 않으셨다는 것을 기억해야 한다.

믿는 사업가들이 예수님의 십자가를 통해 정결케 된다면 그들은 정결케 된 양심으로 전력을 다해 불의한 맘몬의 티끌을 벗어난 부의 창출을 이룰 것이다. 거룩하게 함을 통해 믿는 자들의 생명 가운데 숨겨져 있고 확대되어 있는 은사와 재능, 에너지를 풀어주는 것은 예수님의 보혈의 정결케 하시는 놀라운 능력 때문이다. 하나님의 은혜로 주어진 정결함(purity)은 소중히 여겨

저야 하고 또한 지켜져야 한다.

성경은 "깨끗한 자들에게는 모든 것이 깨끗하다"(딛 1:15)라고는 하지만 정결한 마음을 가진 그리스도인이 악한 일이나 비도덕적인 일에 관여한다면 더 이상 정결한 사람이 아니다. 예수님께서도 이렇게 말씀하셨다.

> 좁은 문으로 들어가라 멸망으로 인도하는 문은 크고 그 길이 넓어 그리로 들어가는 자가 많고 생명으로 인도하는 문은 좁고 길이 협착하여 찾는 이가 적음이니라(마 7:13-14).

7 선교를 위한 사업

　　사업과 선교를 통합하는 개념은 새로운 것이 아니다. 어떤 초창기 개신교 선교는 사역과 사업을 통합하는 기반 위에 이루어졌다. 산업혁명 이전에는 능숙한 기술자들은 제품을 만드는 데 중심적인 역할을 했었다. 18세기에 모라비안 교도들(Moravians)은 수많은 기술자들을 선교사로 세워서 해외로 파송했다. 아메리카 대륙과 아프리카와 아시아에서 이들 개척자들은 사역을 위한 경제적 기반을 마련했으며 이러한 활동은 자신들이 부르심을 받은 그 나라의 삶의 질 또한 높였다. 다른 선교를 지향하는 그룹들도 이러한 방식을 따랐으며 오늘날까지 그들의 노력이 열매를 맺고 있다.

　　윌리엄 덴커는 자신의 저서〔역사 속에서 본 비즈니스와 선교(Profit for the Lord)〕(도서출판 창조 발행)에서 독일 모라비안 교도들의 업적을 상세히 기록하고 있고 19세기 초에 모라비안들을 따랐던 스위스의 바젤 선교회(Basel Mission Society of

Switzerland)에 대한 이야기도 하고 있다.

모라비안 교도와 같이 바젤 선교회도 사업과 선교를 함께 하는 것에 대한 강력한 비전이 있었고 그들은 무역회사를 차려 인도에 숙련된 기술자들을 보냈다. 직조의 명인인 존 할러(John Haller)는 그곳에서 토착화된 직조 산업을 일으켰으며 지역에서 '먼지투성이(dusty)' 라는 의미를 가진 '카키(khaki)' 라는 새로운 염색 기술을 발명했다. 이 새로운 기술은 곧 성공을 거두었으며 인도에 있는 영국군뿐 아니라 뱅갈로 경찰들(Bangalore Police)도 사용하게 되었다. 지금은 세계의 거의 모든 군대들이 사용하는 색이 되었다.

나폴레옹이 한번은 이런 이야기를 했다, "군대는 배를 채워야 움직인다." 하나님의 군대 또한 재정 보급로가 있는데, 때로는 그 보급로가 복음의 확산에 지역적인 한계를 지울 수 있다. 그러나 사업은 제한 없이 어디에서나 할 수 있다. 전 세계적으로 현대화되고, 세계화된 사업들이 문화의 한 형태처럼 일어나고 있는 가운데 믿는 사업가들은 복음을 증거하는 데 중심 역할을 감당할 수 있는 기회를 얻고 있다. 복음이 아직 확고하게 뿌리를 내리지 못한 곳에 풍부한 사업의 기회들이 주어지고 있다. 현지의 선교사들과 개종자들을 재정적으로 후원하는 것 외에도 그곳에 '세워진' 한 사업은 종종 현지 사람들에 대한 헌신과 돌봄을 통해 설교보다 더 쉽게 그들에게 다가간다.

복음에 대해서 '닫혀진' 지역에서는 전통적 형태의 단순한 복음 전도는 불가능하다.

세계 여러 곳에서 교회들이 폭발적으로 성장하고 있는데 비서구 세계에서 선교에 부르심을 받은 이들을 후원하기 위한 재정이 교회에는 충분하지가 않다.

모 교회로부터 재정 후원을 얻고 주기적으로 선교지를 떠나는 전통적인 방법은 오늘날 추수의 필요를 다 채워주지 못한다. 그리고 비서구권 교회들이 선교를 완전히 후원할 수 있을 때까지 기다리는 것은 아까운 시간을 놓쳐버리는 것이다. 교회 개척자와 타문화권 사업 개척가들이 동역하는 새로운 선교운동은 그들이 부르심을 받은 여러 지역에서 수익을 창출하고 있다. 이렇게 함으로 우리는 닫힌 복음의 문을 열 수 있고 외부로부터 받아야 하는 도움도 줄일 수 있다. 수익을 내는 사업의 형태로 있는 선교는 아마 지역 사회와 현지에 있는 자생적 개종자들과의 관계를 지속 발전시킬 수 있는 유일한 방법일 것이다.

사업체를 통해 개발도상국에 복음을 전하는 많은 예 중에 하나는 '활' 과 '화살' 이라는 이미지를 자신들의 주제로 내건 회사들이다. 이 회사들 중 '활' 회사는 전드여행을 하기 위한 수익을 창출하고 '화살' 회사는 주님의 목적을 위해 보냄을 받는다. 이러한 혁신적인 단체는 복음에 닫혀 있는 지역에 침투하기 위해 사업을 시작하며 키워가고 있다. 이 단체는 싱가포르에 기반을 두

선교를 위한 사업

고 있으며, 컨설팅과 프랜차이즈 사업이나 인력 관리 같은 다양한 분야의 벤처기업들이 지상대명령을 이루기 위해 함께 참여하고 있다. 이러한 회사 중에는 근처에 있는 캄보디아에 회사를 차려놓고 그 지역 수공품을 런던이나 다른 도시들에 수출을 하고 있는 경우도 있다. 부유한 서구인들을 대상으로 값비싼 수공 가정용품을 판매하는 고급 상점은 현지인 기술자들과 믿는 이들에게 소득을 제공하고 있다.

해외에서 온 자원봉사자들은 그리스도인 직원들을 제자화하고 도움을 주기 위해 왔다. 캄보디아에 있는 또 다른 참여 회사는 '새로 시작된' 기술 직업 훈련 프로그램의 졸업생들을 고용한다. 이들 졸업생 모두는 새로이 그리스도인이 된 고아이거나 전에 '거리에서 지내던 아이들'이다. 이들은 지금의 산업 견습생 수준을 넘어서 나중에 자신의 사업을 할 수 있을 정도의 기술을 계속 익히고 있다.

사업과 선교를 통합하는 것은 하나님께는 새로운 방식이 아니다. 우리는 하나님께서 이미 우리 시대에 그렇게 하고 계신다는 것을 알아야 한다. 해외 사업은 수없이 많은 그리스도인들을 복음을 접하지 못한 미전도종족이 있는 지역으로 보내왔다. 최근에 필리핀 인들로 이루어진 해외 계약 노동자들(OCWs - Overseas Contract Workers)은 외국에서 가정부나 아이나 병자를 돌보는 일을 하고 있다. 이들 중 수천 명은 복음의 문이 닫힌 나라에서 살고 일하며 사역을 하는 그리스도인들이다. 하나님께서는 다양한 나라에서 외국인 느동자들을 섬기는 사역 또한 일으키셨다. 이러한 사역들은 세상에서 소외된 지역들을 주님의 몸과 연결시키는 일을 하고 있다. 특정 지역에서나 해외 중국계 그리스도인처럼 여러 지역에 흩어져 있는 민족 그룹 안에 있는 믿는 사업가들의 네트워크는 정보를 교환하고 사업의 기회를 찾는다거나 꼭 중요한 사람을 찾는 일어 협력할 수 있다.

이러한 믿을 만한 리더들 사이에 형성된 관계 네트워크는 참여하고 있는 사람이나 그룹의 효율을 크게 배가시킬 수 있다.

지역별 사업과 선교 컨퍼런스들은 훈련을 통해 네트워크의 힘을 강화시키거나 새롭고 신실한 개인 간의 관계 형성을 이루는데 지원을 할 수 있다. 이러한 모임들은 주님이 참가자들에게 비전을 제시하거나 훈련을 통해서 영적인 준비를 할 수 있게 하는 기틀을 마련한다.

선교를 위한 사업

The Joseph Factor

　　애굽에 머물던 요셉 이야기는 그것의 현실성 때문에 나에게는 항상 매력적이다. 요셉 이야기는 교회뿐 아니라 사업계에서 모두 성공하고자 애쓰는 믿는 사업가들에게 중요한 모델이 된다. 그의 이야기는 오늘날 사업계에서 믿는 이들의 역할이 얼마나 중요한지 보여 주며 사업과 사역에서 모두 성공할 수 있는 길을 비춰 주고 있다. 이 이야기는 한 가정과 하나의 약속으로 시작된다.

　　하나님께서는 요셉의 선조인 아브라함을 믿음의 삶으로 부르시면서 이렇게 말씀하셨다.

여호와께서 아브람에게 이르시되 너는 너의 본토 친척 아비 집을 떠나 내가 네게 지시할 땅으로 가라 내가 너로 큰 민족을 이루고 네게 복을 주어 네 이름을 창대케 하리니 너는 복의 근원이 될찌라 너를 축복하는 자에게는 내가 복을 내리고 너를 저주하는 자에게는 내가 저주하리니 땅의 모든 족속이 너를 인하여 복을 얻을 것이니라 하신지라(창 12:1-3).

많은 이들이 아브라함을 하나님의 첫 번째 선교사로 여긴다. 처음부터 그의 부르심은 그의 집을 떠나는 것과 세계 모든 열방에 복을 주는 것이었다. 아브라함이 그의 아들 이삭을 제물로 드리라는 시험을 통과한 후에 하나님께서는 또 한번 약속의 말씀을 하셨다.

또 네 씨로 말미암아 천하 만민이 복을 얻으리니 이는 네가 나의 말을 준행하였음이니라 하셨다 하니라(창 22:18).

하나님께서는 이것에 대해 잘못 이해하는 것을 피하기 위해 똑같은 약속을 그의 아들 이삭에게도 말씀하셨고(창 26:4) 그의 손자 야곱에게도 말씀하셨다.

네 자손이 땅의 티끌 같이 되어서 동서 남북에 편만할찌며 땅의 모든 족속이 너와 네 자손을 인하여 복을 얻으리라(창 28:14).

야곱은 하나님으로부터 새로운 이름을 받았고 열두 아들들의 아버지가 되었다. 또 그 아들들은 이스라엘 민족을 이루는 열두 지파의 선조들이 되었다. 이러한 유산을 받은 가족은 어떤 가족

하나님이 관심 두시는 사업

인가? 선택받은 가족이다. 하나님께서는 그들을 선택하셔서 구원을 전 세계에 알리시는 매체로 삼으셨다. 야곱의 가족들은 첫 번째 선교사 가족이었고, 하나님의 교회의 원형이었다.

그때까지 다른 어떠한 가족도 하나님과 언약을 맺지 못했기 때문에 야곱의 아들들과 가족들은 전 세계를 위한 제사장과 중보자로 운명지어졌다.

그 열두 명의 아들 중 하나는 하나님의 특별한 목적을 위해 선택되었다. 요셉은 그 아들들 중 특별히 사랑을 받았고 뛰어났다. 요셉만은 남겨진 유산의 두 배를 받는 복을 누렸다. 그는 메시아의 희생적 죽으심과 부활하심 그리고 자신의 제자들에게 돌아가심을 예표하기 위해 그의 형제들과 다른 길을 가도록 선택받았다. 많은 어려움을 통과하면서 요셉은 그의 삶에서 견딜 수 없는 긴장을 지혜롭게 극복했다. 몇 년 후 그의 아버지는 이렇게 축복했다.

요셉은 무성한 가지 곧 샘 곁의 무성한 가지라 그 가지가 담을 넘었도다 활쏘는 자가 그를 학대하며 그를 쏘며 그를 군박하였으나 요셉의 활이 도리어 견강하며 그의 팔이 힘이 있으니 야곱의 전능자의 손을 힘입음이라 그로부터 이스라엘의 반석인 목자가 나도다(창 49:22-24).

요셉은 믿는 사업가에게 모델이 된다. 자주 오해 받거나 사역

요셉 요소

에서 동역자들로부터 완전히 받아들여지지 않을지라도 요셉과 같은 그리스도인 사업가는 적대적이고 악하고 우상숭배적인 상황에서 성공해야 한다. 요셉과 같이 그 자신의 꿈이 죽는 것을 바라볼 수 있는 용기와 하나님께서 그 꿈을 다시 살리실 때까지 인내할 수 있는 용기가 있어야 한다. 사업가는 성실함, 지혜, 하나님의 영으로 정상에 서기 위해 대부분 혼자서 싸워 나가야 한다. 요셉과 같이 믿는 사업가는 용서하고 잊어버리고 성공을 위해 매진하는 것을 배워야 한다.

성공은 꿈과 함께 시작한다. 창세기에 있는 요셉의 이야기에 나오는 다음의 구절들을 주의 깊게 읽어 보라. 이것 모두 한 아버지의 사랑의 선물과 하나님으로부터 오는 운명의 꿈과 함께 시작하고 있다.

요셉은 노년에 얻은 아들이므로 이스라엘이 여러 아들보다 그를 깊이 사랑하여 위하여 채색옷을 지었더니 그 형들이 아비가 형제들보다 그를 사랑함을 보고 그를 미워하여 그에게 언사가 불평하였더라 요셉이 꿈을 꾸고 자기 형들에게 고하매 그들이 그를 더욱 미워하였더라 요셉이 그들에게 이르되 청컨대 나의 꾼 꿈을 들으시오 우리가 밭에서 곡식을 묶더니 내 단은 일어서고 당신들의 단은 내 단을 둘러서서 절하더이다 그 형들이 그에게 이르되 네가 참으로 우리의 왕이 되겠느냐 참으로 우리를 다스리게 되겠느냐 하고 그 꿈과 그 말을 인하여 그를 더욱 미워하더니 요섭이 다시 꿈을 꾸고 그 형들에게 고하여 가로되 내가 또 꿈을 꾼즉 해와 달과 열 한 별이 내게 절하더이다 하니라 그가 그 꿈으로 부형에게 고하매 아비가 그를 꾸짖고 그에게 이르되 너의 꾼 꿈이 무엇이냐 나와 네 모와 네 형제들이 참으로 가서 땅에 엎드려 네게 절하겠느냐 그 형들은 시기하되 그 아비는 그 말을 마음에 두었더라(창 37:3-11).

어려서부터 요셉에게는 권위와 큰 성공에 대한 꿈이 주어졌다. 그는 가족들 사이에서 권력자가 되어 나중에는 그들 모두가 섬겨야 하는 사람이 될 것이다. 그는 이것을 아버지와 형제들에게 이야기했다. 왜 요셉은 그의 꿈을 숨기지 않았는가? 그들은 요셉에게 있어서 가장 가까운 사람들이었고 어린 그에게는 온 세상과 같은 존재들이었다.

그러나 요셉은 또한 이기적이었고 미성숙했다. 아마도 채색 옷이 그의 형제들을 질투 나게 했겠지간 요셉은 특별한 채색 옷을 무척이나 자랑스러워했다. 형제들을 다스릴 것이라는 요셉의 꿈으로 그는 형들의 분노와 미움의 대상이 되었다. 그 형들은 다시는 요셉을 보지 않으려고 노예상에게 그를 팔아 넘겼다. 그는 애굽에 노예로 팔렸으며 그의 가족들은 그가 죽은 줄로만 알고 있었다. 형들은 요셉이 살해당했다고 아버지에게 말했다.

요셉이 이끌려 애굽에 내려가매 바로의 신하 시위대장 애굽 사람 보디발

요셉 요소

이 그를 그리로 데려간 이스마엘 사람의 손에서 그를 사니라 여호와께서 요셉과 함께하시므로 그가 형통한 자가 되어 그 주인 애굽 사람의 집에 있으니 그 주인이 여호와께서 그와 함께하심을 보며 또 여호와께서 그의 범사에 형통케 하심을 보았더라 요셉이 그 주인에게 은혜를 입어 섬기매 그가 요셉으로 가정 총무를 삼고 자기 소유를 다 그 손에 위임하니(창 39:1-4).

요셉이 살던 시절에는 애굽이 세계에서 가장 강력한 국가였다. 오늘날 현대의 최신기술을 이용해서 세계 사업계를 이끌어 가는 리더들은 사람들의 일상에 영향력을 행사하는 힘을 가지고 있으면서 정부들조차 무색케하고 있다.

오늘날 사업계의 리더들은 세계의 새로운 '파라오' 들이다. 국제 금융가들은 방대한 자원의 흐름을 통제해 모든 나라들의 지도자들을 위협할 수 있다. 재정이 없는 이들이 재정을 통제하는 이들을 섬긴다. 현실적으로 오늘날 사업가들은 현대 문명의 청지기들이다. 애굽에서 요셉은 그가 일하는 곳이 유혹과 부정이 있는 곳임을 알았다. 그의 주인의 부인은 그를 유혹했지만 그는 거절했다. 성경은 이와 같이 말하고 있다.

"여인이 날마다 요셉에게 청하였으나 요셉이 듣지 아니하여 동침하지 아니할 뿐더러 함께 있지도 아니하니라"(창 39:10).

그 결과 그 부인은 거짓으로 요셉을 고발했고 그는 감옥에 간

히게 되었다.

요셉이라는 이름의 의미는 "그가 더하시리라"라는 뜻이다. 그리고 그것은 '더하다', '늘어나다' 또는 '넘친다'라는 뜻을 가진 히브리어에 뿌리를 두고 있다. 그가 노예였을 때에나 감옥에 있을 때에도 하나님께서 주신 요셉의 은사는 명백히 드러났다. 그리고 그는 성공하게 되었다. 모범수로서.

> 이에 요셉의 주인이 그를 잡아 옥에 넣으니 그 옥은 왕의 죄수를 가두는 곳이었더라 요셉이 옥에 갇혔으나 여호와께서 요셉과 함께하시고 그에게 인자를 더하사 전옥에게 은혜를 받게 하시매 전옥이 옥중 죄수를 다 요셉의 손에 맡기므로 그 제반 사무를 요셉이 처리하고 전옥은 그의 손에 맡긴 것을 무엇이든지 돌아보지 아니하였으니 이는 여호와께서 요셉과 함께하심이라 여호와께서 그의 범사에 형통케 하셨더라(창 39:20-23).

이 어린 요셉의 삶을 주의 깊게 보라. 그는 선택받은 한 가족으로부터 나와서 전 세계에 하나님의 복을 전하는 자가 되었다. 그는 그 가족 중 아버지에게 가장 사랑 받는 아들이었지만 자신의 형제들에게 미움을 받아 외국에 종으로 팔려 가는 신세가 되었다. 하나님과 인간들의 사랑을 받는 높은 위치에 있다가 가장 낮은 밑바닥으로 떨어진 셈이다. 요셉은 애굽에서 단순히 외국

인이 아니라 노예의 신분이었고 심지어는 여성을 범하려고 했다
는 죄목을 가진 수감자였다.

몇 년이 지난다. 요셉은 열일곱 살에 애굽에 와서 거의 감옥에
서 살았다. 그는 사랑하는 사람들을 잃고 자신의 자유와 권리 그
리고 미래와 유산을 잃어버리는 경험을 했다. 그의 아버지는 그
가 죽은 줄로 알았고 형제들은 그가 죽은 것처럼 행동했다. 아마
도 그의 가장 큰 아픔은 자신의 꿈을 잃어버렸다는 것일 것이다.
잠언 13장 12절에는 이렇게 쓰여 있다.

"소망이 더디 이루게 되면 그것이 마음을 상하게 하나니 소원
이 이루는 것은 곧 생명 나무니라."

요셉의 소망을 이루기 위해 인간이 할 수 있는 방법은 없었다.
그는 그의 꿈을 생각하는 것만으로도 가슴이 아팠을 것이다. 아
마 그는 형제들과의 많은 문제들을 일으켰던 그러한 꿈을 다시
는 꾸지 않기를 소원했을 것이다. 자신이 겪은 아픔에 대해 복수
해야겠다는 유혹을 지워버리기는 거의 불가능했을 것이다. 살아
남기 위해서 요셉은 이전의 삶을 마음에서 완전히 지워버렸을
것이다. 그러한 것들을 지워버리는 동안 애굽의 감옥은 요셉에
게 하나의 십자가이자 죽음으로 느껴졌을 것이다.

그러나 주님은 요셉을 잊지 않으셨다. 하나님의 은사들과 부
르심은 변하지 않은 것이다. 그는 어느 곳을 가든지 높임을 받았
다. 심지어 감옥에서도. 그는 죄수들을 위해서 꿈을 해석하기 시

하나님이 관심 두시는 사업

작했다. 이미 개인적인 꿈을 포기했기 때문에 다른 이들의 꿈을 해석할 수 있는 자신의 특별한 은사가 어쩌면 그의 가슴을 아프게 했을지도 모른다. 그는 왕의 술 맡은 관원장을 도와주면서 그에게 자신의 처지를 왕에게 알리고 도와달라고 부탁했다. 자신의 상황을 바꾸어보려는 요셉의 노력은 실망으로 끝났다. 술 맡은 관원장은 요셉의 부탁을 까맣게 잊어버렸다.

요셉이 자신의 은사를 다른 이들을 돕는 데 사용했을 때 요셉의 꿈이 현실로 이루어지는 것을 보면서 중요한 영적인 원리를 알 수 있다. 2년 후 왕은 자신의 왕실어 있는 어느 누구도 해석할 수 없는 불안한 꿈을 꾸었다. 술 맡은 관원장이 요셉의 특별한 능력이 생각난 것은 바로 그때였다. 그리고 그를 불러 왕 앞에 세웠다. 그때 요셉의 나이 서른이었다. 그의 형들에 의해 종으로 팔려간 후 13년이라는 세월이 흘렀다.

이에 바로가 보내어 요셉을 부르매 그들이 급히 그를 옥에서 낸지라 요셉이 곧 수염을 깎고 그 옷을 갈아 입고 바로에게 들어오니 바로가 요셉에게 이르되 내가 한 꿈을 꾸었으나 그것을 해석하는 자가 없더니 들은즉 너는 꿈을 들으면 능히 푼다더라 요셉이 바로에게 대답하여 가로되 이는 내게 있는 것이 아니라 하나님이 바로에게 평안한 대답을 하시리이다(창 41:14-16).

121

요셉의 답은 오직 하나님의 손에 있다고 말하면서 왕 앞에서 진정으로 겸손한 태도를 보인다. 그는 왕의 이상한 꿈을 풀었다. 더욱이 이것이 하나님께서 그를 감옥에서 나오게 하신 계기가 되었다. 요셉은 하나님께서 애굽에 무슨 일이 일어날 것인지 꿈을 통해 알려주신 내용을 왕에게 말한 후에 세계에서 가장 강력한 힘을 가진 자인 애굽의 왕에게 제안을 했다. 그가 했던 이 설명은 그의 삶에서 가장 중요한 '영업 제안'이었다.

> 이제 바로께서는 명철하고 지혜 있는 사람을 택하여 애굽 땅을 치리하게 하시고 바로께서는 또 이같이 행하사 국 중에 여러 관리를 두어 그 일곱 해 풍년에 애굽 땅의 오분의 일을 거두되 그 관리로 장차 올 풍년의 모든 곡물을 거두고 그 곡물을 바로의 손에 돌려 양식을 위하여 각 성에 적치하게 하소서 이와 같이 그 곡물을 이 땅에 저장하여 애굽 땅에 임할 일곱 해 흉년을 예비하시면 땅이 이 흉년을 인하여 멸망치 아니하리이다(창 41:33-36).

하나님께서 이 일에 함께 하셨으므로 왕은 요셉의 제안을 받아들이고 행동으로 옮겼다. 요셉은 이 일을 위한 가장 높은 자리에 올랐다. 그 자리는 잘 훈련된 신하들을 부릴 수 있으며, 높고 안정되며 다른 많은 특권들을 누릴 수 있는 믿을 수 없을 정도로 좋은 자리였다.

하나님이 관심 두시는 사업

왕은 요셉의 영적 자질이 가장 중요하다는 것을 알고 있었다.

바로와 그 모든 신하가 이 일을 좋게 여긴지라 바로가 그 신하들에게 이르되 이와 같이 하나님의 신이 감동한 사람을 우리가 어찌 얻을 수 있으리요 하고 요셉에게 이르되 하나님이 이 모든 것을 네게 보이셨으니 너와 같이 명철하고 지혜 있는 자가 없도다 너는 내 집을 치리하라 내 백성이 다 네 명을 복종하리니 나는 너보다 높음이 보좌 뿐이니라(창 41:37-40).

요셉에게는 종의 자리와 감옥이 하나의 십자가였다. 요셉이 높임을 받는 꿈이 죽어가는 동안 13년이라는 세월이 흘렀다. 그가 한때 품었던 약속과 삶을 잊기 전까지는 아버지의 집에 대한 기억만으로도 고통에 휩싸였다. 감옥에서 요셉의 이전 삶이 '죽었기' 때문에 바로의 왕실에서 권력의 자리로 올랐을 때 이는 죽음에서 생명을 얻는 것과 같았다. 하나의 부활이었다.

어느 날 갑자기 요셉은 애굽에서 가장 힘없는 사람에서 가장 강력한 힘을 가진 자가 되었다. 그는 재무부 장관, 상공부 장관, 내무부 장관, 국방부 장관 그리고 총리를 동시에 역임하게 되었다. 바로의 사람이 아닌 히브리 이방인 요셉의 삶의 축 위에서 애굽과 이스라엘의 놀라운 일들이 시작되었다. 요셉은 영원으로부터 상속받기 위해 부르심을 받고 택함을 받은 하나님의 사람

요셉 요소

이었다. 궁극적으로 전 세계의 운명은 요셉의 성공에 기초를 두고 있었다.

하나님께서 그들의 선조 아브라함을 믿음의 삶으로 부르셨을 때 시작하신 구속의 계보는 요셉과 요셉이 기아에서 구해낸 그의 형제들에게만 상속되었다. 정치가와 사업 책임자가 되었던 노예 요셉은 그의 아버지 야곱(이스라엘)의 '선교사' 가족을 살렸다. 그렇게 함으로 언젠가 전 세계에 복음이 전파될 수 있도록 했다.

하나님의 택함을 받은 사람들이 삶에서 겪게 되는 고통의 목적이 요셉의 삶에서 생생하게 묘사되고 있다. 요셉의 삶 안에 있는 잠재력을 실현하기 위해서 왜 요셉의 꿈은 애굽의 감옥에서 죽어야 했을까? 그것은 요셉의 꿈이 이루어져야 하는 것이 아니라 요셉 안에 있는 하나님의 꿈이 이루어져야 하기 때문이다. 요셉의 세계관과 자기 중심적인 성품이 바뀌어야 했었다. 요셉의 이야기는 전 세계를 향한 하나님의 사랑이다. 복음의 핵심은 하나님께서 그분의 아들로 하여금 죄성을 가진 인간의 탈을 쓰게 하신 것이다. 요셉의 가족이 모든 열방의 복이 되기 위해서 가족 중 누군가가 열방에 있는 사람과 같이 되어야 했다. 하나님의 일하심은 너무 완벽해서 요셉의 친형들조차도 요셉을 대면했을 때 알아보지 못했다.

요셉이 자신이 누구인지 형들에게 알렸을 때 그는 그 형들과 전혀 다른 모습을 하고 있었다. 믿는 사업가들은 사역에서 그들의 형제들을 만났을 때 알아보지 못하는 경우가 종종 있다. 하나님 나라의 전문인들(kingdom Professionals)은 어떤 때는 '세상 사람들' 처럼 보고 또 그렇게 행동한다. 우리 모두는 눈으로 보는 것만으로 판단하지 않고 그 마음의 동기와 의도를 분별하는 것을 배워야 한다.

요셉이 다스리는 자가 되기 위한 준비로 또 다른 중요한 변화가 그에게 일어났다. 그는 그의 형들을 용서해야 했다. 쓴 뿌리와 용서하지 못하는 것은 어떻게 선택받았고 얼마나 많은 재능이 부여되었는가에 상관없이 자신을 파괴한다. 요셉이 복수심을 계속 품었다면 그의 인생에서 하나님께서 원하시는 목표들을 이루지 못했을 것이다. 요셉이 감옥에 있던 기간은 그의 마음에서 이 변화를 이루기 위한 기간에 지나지 않는다. 여기에 사업가들과 사역을 하는 '가족' 들을 위한 교훈이 있다. 그가 얻은 높은 자리와 용서하는 마음 때문에 그는 가족들을 보호할 수 있었고 필요한 것들을 공급할 수 있었다. 요셉의 형들은 모세와 모든 선지자들과 심지어는 예수님과 제자들의 선조들임을 기억하라.

오늘날 하나님 나라의 전문인들(kingdom Professionals)이 전 세계에 복음을 증거해야 하는 하나님의 구속사역(redemptive work)에 중요한 역할을 한다는 사실이 종종 인식되지 않는 경우가 있다. 믿는 사업가들은 다른 사역에서 일하는 그리스도인들에게 영적인 동역자로 받아들여지지 않고 있다. 요셉의 이야기는 사역에 있는 형제들과 올바른 관계를 맺고 귀중한 부르심을 성취하며 사역자들의 필요를 돌봐주고 있는 믿는 사업가들의 좋은 예를 보여 주고 있다.

요셉이 그 형들에게 이르되 나는 요셉이라 내 아버지께서 아직 살아 계시니이까 형들이 그 앞에서 놀라서 능히 대답하지 못하는지라 요셉이 형들에게 이르되 내게로 가까이 오소서 그들이 가까이 가니 가로되 나는 당신들의 아우 요셉이니 당신들이 애굽에 판 자라 당신들이 나를 이곳에 팔았으므로 근심하지 마소서 한탄하지 마소서 하나님이 생명을 구원하시려고 나를 당신들 앞서 보내셨나이다 이 땅에 이년 동안 흉년이 들었으나 아직 오년은 기경도 못하고 추수도 못할찌라 하나님이 큰 구원으로 당신들의 생명을 보존하고 당신들의 후손을 세상에 두시려고 나를 당신들 앞서 보내셨나니 그런즉 나를 이리로 보낸 자는 당신들이 아니요 하나님이시라 하나님이 나로 바로의 아비를 삼으시며 그 온 집의 주를 삼으시며 애굽 온 땅의 치리자를 삼으셨나이다(창 45:3-8).

요셉은 그의 꿈이 죽어 가는 것을 견디며 그를 향한 하나님의 비전을 성취함으로써, 자신이 받기로 되어 있던 유산의 두 배 곧 하나님으로부터 두 배의 복을 받았다. 애굽에서 두 아들이 태어났다. 그리고 각 아들들의 가족(족속)은 여호수아의 지도력 아래

하나님이 관심 두시는 사업

에서 이스라엘 후손이 약속의 땅을 정복함으로써 충분한 몫을 받았다. 하나님께서 선택한 사람들의 삶에서 성취된 성공을 잘 보여주는 것은 두 배의 유산이다. 요셉의 아들들은 하나님께서 요셉의 삶에 주신 두 가지의 위대한 승리를 나타낸다. 다시 말해 그의 형들의 배신을 잊고 용서하는 능력과 애굽 사람이 되어 타향에서 성공하는 능력을 나타낸다.

흉년이 들기 전에 요셉에게 두 아들을 낳되 곧 온 제사장 보디베라의 딸 아스낫이 그에게 낳은지라 요셉이 그 장자의 이름을 므낫세라 하였으니 하나님이 나로 나의 모든 고난과 나의 아비의 온 집 일을 잊어버리게 하셨다 함이요 차자의 이름을 에브라임이라 하였으니 하나님이 나로 나의 수고한 땅에서 창성하게 하셨다 함이었더라(창 41:50-52).

9 요셉의 성공 요인

요셉은 애굽으로 하나님의 부르심을 받아 성공했다. 요셉은 그의 형들에게 이렇게 말했다.

"…하나님께서 당신들 앞서 나를 보내셨나이다"(창 45:5). 애굽에서 성공하는 것은 그의 운명이었다. 즉 그것은 그의 삶을 통해 보이신 하나님의 구속의 목적이었다. 애굽은 성경에서 물질 중심적이고 억압적이고 의롭지 못한 불신의 사회에 대한 상징으로 자주 언급되었다. 안수 받은 사역자들처럼 믿는 사업가들도 그들의 특별한 직업에 대한 하나님의 부르심에 확신을 가져야 한다.

요셉은 자신의 꿈을 희생할 수 있었기에 성공했다. 하나님께 나아가는 길은 오직 하나밖에 없다. 예수님께서 이렇게 말씀하셨다. "… 내가 곧 길이요 진리요 생명이니 나로 말미암지 않고는 아버지께로 올 자가 없느니라"(요 14:6). 예수님의 길은 십자가의 길이다. 우리가 그분의 죽음과 부활에 동참할 때 진정한 믿음과 비전과 용기가 우리의 영 가운데 들어올 것이다. 하나님 나라의 전문인들(kingdom Professionals)도 이러한 하나님 나라의 법에서 예외가 아니다.

요셉은 하나님의 영이 그의 안에 있었기에 성공했다. 그리고 그 결과로 그는 은혜(favor)와 선한 지혜(good understanding)를 얻었다(잠언13 : 15). 심지어 바로도 요셉이 여느 사람들과 다르다는 점을 알고 있었기에 그의 신하들에게 이렇게 말했다,

"… 이와같이 하나님의 신이 감동한 사람을 우리가 어찌 얻을 수 있으리요 하고"(창 41:38).

요셉을 감옥에서 나오게 했던 하나님의 영은 죽음에서 예수님을 일으키셨던 바로 그 영이다.

요셉은 하나님의 성품을 가지고 있었기에 성공했다. 그는 보디발의 아내가 그에게 욕심을 품었고 그를 어찌할 수 있는 힘도 있었고 또한 꽤나 매력적이었을 텐데도 그녀의 유혹으로부터 도망칠 정도의 순전한 마음을 가지고 있었다. 요셉은 그의 겸손함을 바로에게 이렇게 고백했다. "이는 내게 있는 것이 아니라 하나님이 바로에게 평안한 대답을 하시리이다." 요셉은 열심히 일하고 부지런했다(잠 10:4). 한 나라의 부(wealth)를 책임지기 전에 그는 감옥을 맡아서 일했다. 결국 요셉은 자신이 잘 배우고 헌신된 종이라는 사실을 보여 주었다. 그는 주어진 일을 열심히 하고 그 일을 훌륭히 해냈다. 그는 감옥에서 뿐 아니라 애굽의

주인집을 돌보는 일을 했다. 그는 감옥에 있는 사람들의 꿈을 해석해 주었고 그리고 바로의 오른팔이 되었다.

나는 전에 요셉의 이야기는 침묵의 지혜에 대한 이야기라고 생각했었다. 그러나 요셉에 대한 하나님의 의도는 그의 꿈을 가족들에게 말하는 것이었다. 그렇지 않고서 어떻게 이스라엘에서 온 히브리어를 말하는 젊은이가 그 당시 가장 강력한 나라였던 애굽의 궁정에 갈 수 있었겠는가?

요셉의 이야기는 십자가로 가서 당신을 그곳에 달리게 한 이들을 용서해야 하는 당신의 운명을 알리기 위한 것이다. 마태복음 18장 23-35절에 나오는 용서하지 않는 종에 대한 예수님의 비유는 우리들에게 우리가 용서의 가치와 힘을 배우기 전까지는 우리 스스로 마음이 굳어짐으로 쌓은 '감옥'에 갇혀 있다는 것을 가르쳐 준다. 궁극적으로 하나님의 목적을 이루는 것은 부유한 기업이나 거대한 정부기관이 아니다. 하나님의 부르심을 받은 사람들이 결심하고 그분의 축복을 받은 사업을 세운다. 우리는 능력 있는 기관들을 보고 지나치게 감동받을 필요는 없다. 더욱이 높은 지위나 성취를 이룬 바로를 찾는 데 시간을 쓸 필요도 없다. 우리는 우리의 요셉을 찾아야 한다. 무엇인가가 도중에 죽더라도 그들의 꿈과 비전은 열매를 맺게 될 것이다. 우리는 또한 하나님의 부르심이 가장 큰 곳이 어딘지 알아야 한다. 그 곳이 우리의 애굽이다. 요셉들과 애굽들이 짝을 이루고, 그리고 기도

요셉의 성공 요인

하고 하나님께서 일하시게 함으로 성공을 이룰 수 있다.

믿는 사업가들을 선교의 개척자요 사역자로 여기는 것은 교회로서는 새로운 패러다임이다. 그들 없이는 대사명(Great Commission)을 결코 성취할 수 없을 것이다. 사역자들과 성직자들은 지금까지 사업가들 사이에서 영적인 잠재력을 이끌어 내는 데 실패했다. 목회자로서 나는 많은 교회 지도자들이 사업가들이 자신의 교회와 자신의 교단만을 섬기기를 원하고 있다는 것을 알고 있다. 우리는 요셉의 형들과 같다.

우리는 오늘날 선교 재정의 어려움과, 전통적인 선교 방식에 문을 닫은 여러 나라들과 외국인 사역자에 대한 현지인들의 반발 등 어려움에 직면하고 있다. 우리는 우리와 함께 가서 도와줄 사업을 하는 형제들이 필요하다. 주님께서 다시 오시기 전에 세계로 복음을 가지고 나가기 위해 우리 시대의 요셉을 부르고, 동원해 제자화하고 훈련시켜야 하는 것이 하나님의 목표이다.

Part Three

10

크리스천 사업가들을 위한 지침

1990년대 중반 갈멜산(Mount Carmel) 위에 있는 우리의 교회가 성장하기 시작했을 때 나는 회사를 그만두었다. 그 동안 나는 회사의 국제 마케팅 책임자로 일했었다. 그러나 주님께서 사역 쪽에서 더 많은 일을 하라고 하셨고 목회자와 교사로서의 일이 더 많아졌다. 지금까지 나는 자영업자로 정부에 등록이 되어 있다.

나는 아시아 투자자들을 이스라엘 회사들과 연결시켜주는 일과 컨설팅을 하고 있으며 거기서 타 문화권과 사업을 할 때 의사소통하는 법을 강의하고 있다.

좀더 최근에는 대사명을 가진 사업(Great Commission Business)을 도와주는 다국적 기독교 회사에 참여하고 있다.

이번 장에서는 내가 회사에서 일한 경험과 컨설턴트로 일한 경험을 바탕으로 썼다. 하지만 일한 경험의 모든 부분을 다 쓴 것은 아니고 사업 성공에 대해 쓰여진 상투적인 책들에서는 다루지 않은 중요한 몇 가지 분야에만 집중해서 썼다.

11

성실한 마음

성실히 행하는 가난한 자는 사곡히 행하는 부
자보다 나으니라(잠 28:6).

사업과 선교의 통합(Integration)에 대해 말할 때 우리에게 그
와 관련된 단어 하나가 떠오른다. 그것은 바로 성실(Integrity)이
다. 이 영어 단어 인테그러티(Integrity)는 정수나 완전한 단위를
의미하는 'Integer'에 기반을 두고 있다. 인테그러티는 온전함
(wholeness)을 의미한다. 또한 두 가지로 나뉘거나 두 개의 기
준을 가지고 있지 않음을 의미한다. 인테그러티를 가지고 있는
사람은 전인적인 사람(Whole Person)이고 한 눈 팔지 않는 사
람(undivided person)이다. 이는 자신이 일하는 사무실에서나
교회에서나 한결 같은 사람을 의미한다. 즉, 다른 사람과 같이
있을 때나 혼자 있을 때나 항상 같은 사람을 의미하는 것이다.
메시아이신 예수님은 인테그러티를 가지신 분이셨다. 이 땅의

인간을 나타내실 때나 하늘의 아버지를 나타내실 때나 그분은 두 얼굴이나 서로 다른 모습을 가지지 않으셨다. 예수님께서 "그러므로 하늘에 계신 너희 아버지의 온전하심과 같이 너희도 온전하라"(마 5:48)고 말씀하실 때 '완전한' 이라는 의미의 그리스어인 텔레이오스(teleios)가 하나님 자신에 의해 드러난 완전함(completeness) 또는 온전함(wholeness)을 나타내기 위해 사용되었다.

또한 흥미로운 것은 평화를 의미하는 히브리어 '샬롬(shalom)' 이 '완전함(completeness)' 을 의미하는 또 다른 어원에서 왔다는 것이다.

인테그러티(Integrity)를 보는 또 다른 시각은 토목 기사들이 건물을 볼 때 구조적 안전성(Structural Integrity)을 가진 건물에 대해 말하는 것이다. 이런 종류의 인테그러티는 건물을 튼튼하고 안전하게 해준다. 구조상의 완전성 안에 존재하는 결함은 비정상적인 압력이나 하중이 가해졌을 때 생긴다. 몇 년 전 대만에서 큰 지진이 있었다. 지진으로 인해 콘크리트 건물들이 힘없이 순식간에 무너져 내려 많은 사상자를 냈다. 단단한 콘크리트로 채워져 있어야 하는 들보와 기둥에 속이 텅 빈 철제 캔이 들어 있었다는 것이 무너진 건물들을 통해서 발견되었다. 구조적 완전성(Structural Integrity)이 개인의 이익을 위해 희생되었다. 우리 중 얼마나 많은 사람들도 꽉 차고 강해야 하는 부분들에서 텅 비어 있는가? 하나님의 말씀을 전하는 우리에게 하중이 가해질 때 그것을 견딜 수 있는 믿음의 집을 세워놓고 있는가?

그리스도인들은 진리의 사람들이다. 우리는 사랑을 가지고 진리를 말했다가 그것이 우리를 넘어뜨릴까봐 두려워해서는 안 된다. 오히려 그 반대여야 한다. 우리가 언제 어떻게 진리를 말해야 하는 지에 대한 지혜가 필요할 때 하나님께서 마음의 의를 저버리시지 않으신다는 것을 나는 배웠다. 하나님께서는 하나님의 말씀에 헌신된 삶을 사는 이를 보호하는 방패가 되신다. 그러나 인테그러티는 사업상에서 단순히 정직하다는 것보다 더 큰 의미가 있다. 그것은 '일을 올바르게 하는 것(Doing the thing right)' 이상의 의미이다. 인테그러티는 '올바른 일을 하는 것(Doing the right thing)'을 의미한다. 인테그러티는 우리가 하나님과의 관계 속에서 십일조를 드리는 문제나 다른 인간관계 속에서 일어나는 문제들에서 우리의 헌신을 지키는 것을 의미한다. 이것은 우리가 계약서에 서명하는 것부터 시작해서, 걸려온 전화에 답하거나 약속시간에 늦지 않게 맞추는 것을 의미한다.

인테그러티는 모든 사업과 사역 활동을 뒷받침하는 예배와 기도의 삶이 있다. 하나님께 예배를 드리는 것은 우리를 하나님과 친밀함 가운데로 인도한다. 하나님의 영으로 드리는 진정한 예배는 우리를 그분의 형상으로 만들고 우리의 흠 있는 성품을 치유한다. 하나님을 신뢰함으로 이루어지는 주님과 함께하는 개인

성실한 마음

적 삶은 우리의 내부에서 하나님과 사람 앞에 정직하게 서는 법을 가르친다. 주님은 우리를 거룩한 기도처에서 우리의 부르심이 수반하는 어떤 종류의 일에도 준비가 되도록 만들어 우리를 보내신다. 기도와 하나님의 말씀을 통해서 우리는 어려운 결정을 내리고 인간의 복잡다단함 속에서 길을 잘 찾아가고 도덕적 타협을 피해갈 수 있는 지혜와 은혜와 도덕적 분별력을 얻게 된다. 우리는 기도와 온전한 성실함을 통해 하나님께서 우리 삶에 보여 주신 바른 길을 가도록 성령으로부터 오는 격려를 받는다.

하나님이 관심 두시는 사업

12

오로지 한 마음으로 초점을 맞춤

Focus and Singleness
of Mind

위대한 왕이자 메시아의 원형이었던 것은 별도로 하더라도 다윗 왕은 아마도 세계에서 가장 성공한 작곡가다. 그에게 무슨 비결이 있었을까? 그는 이렇게 적고 있다.

내가 여호와께 청하였던 한 가지 일 곧 그것을 구하리니 곧 나로 내 생전에 여호와의 집에 거하여 여호와의 아름다움을 앙망하며 그 전에서 사모하게 하실 것이라(시 27:4).

다윗은 하나님의 마음을 좇는 사람이었다. 그래서 그는 오직 한 가지 주님의 임재를 구하는 데 온 힘을 쏟았다.

이방인들에게는 위대한 사도이고 신약성경 중 많은 영감 있는 서신을 쓴 바울은 역사상 가장 효과적으로 타문화권과 의사소통을 한 사람이었다. 이러한 영적 은사를 받은 사람의 비밀은 무엇일까? 그는 이렇게 말하고 있다.

형제들아 나는 아직 내가 잡은 줄로 여기지 아니하고 오직 한 일 즉 뒤에 있는 것은 잊어버리고 앞에 있는 것을 잡으려고 푯대를 향하여 그리스도 예수 안에서 하나님이 위에서 부르신 부름의 상을 위하여 좇아가노라(빌 3:13-14).

바울과 다윗 모두 마음과 생각을 명확하게 그들의 목표에만 초점을 맞추고 있었다. 하나님의 가장 좋은 것을 얻고자 하는 한 마음을 품었다. 우리 대부분은 한번에 한 가지 일만을 잘 할 수 있다. 성공하고자 한다면 우리는 우리의 은사와 능력 그리고 집중력을 하나님께서 우리 앞에 놓으신 목표에 집중하는 연습을 해야 한다.

실제적으로 말해 초점(focus)이 의미하는 것은 무엇인가?

당신의 부르심 안에서 현실적이고도 명백하게 당신의 목표가 무엇인지 정의를 내려라. 믿는 자들로서 우리는 이 땅에 부를 축적하고자 노력하지 않는다. 우리는 하나님의 나라를 위해서 우리의 효용성을 극대화하고 시간과 다른 자원들의 낭비를 극소화하기 위해 열심히 노력하고 있다. 예수님께서 말씀하셨다.

너희를 위하여 보물을 땅에 쌓아 두지 말라 거기는 좀과 동록이 해하며 도적이 구멍을 뚫고 도적질하느니라. 오직 너희를 위하여 보물을 하늘에 쌓아두라 거기는 좀이나 동록이 해하지 못하며 도적이 구멍을 뚫지도 못

하나님이 관심 두시는 사업

하나님께서 주신 당신의 달란트를 찾으라. 그리고 당신의 전문 분야에 머물라. 사업가들은 이러한 것을 "자기 일에 전념하다"(sticking to the knitting)라고 말한다. 시장에서 자신의 적소(niche)를 찾아서 성실함과 탁월함으로 그곳을 채우라. 적절하지 않은 기회들은 과감히 내려놓는 (No라고 말할 수 있는 은사) 훈련을 해야 한다.

누구도 모든 일을 잘 할 수는 없다. 하나님께서는 우리가 최선을 다 할 수 있는 한 가지 또는 몇 가지 일을 보여 주실 것이다.

인내력과 지구력을 개발하는 것이 중요하다. 이삭이 그의 아버지 아브라함의 우물들을 계속 팠던 것같이 이윤을 창출하는 한 계속해서 같은 사업을 하라. 쉽게 관심을 잃거나 포기하지 말고 단기간에 성공하리라 생각하지 말라. 첫 번째 도전에서 아주 좋은 결과를 얻는 일은 아주 드물다. 처음 단계에서 받아들일 만한 수준의 성공을 성취하는 법을 배우라. 그리고 장기간 동안 천천히 그것을 발전시켜 나가라. 이것은 당신의 헌신도와 집중력을 시험할 것이다. 그러나 결과는 탁월할 것이다. 도요타(Toyota Corporation)는 1960년대에 코롤라(Corolla)라는 그들의 첫 번째 작은 승용차를 내놓았다. 그 당시에는 폭스바겐의 비틀(Beetle)에 상대가 되지 않았다. 그러나 몇 년에 걸쳐 도요타는 이 차를 조금씩 발전시켜서 자동차 역사상 가장 잘 팔리는 차로 만들었다. 마이크로소프트사는 1985년에 윈도우 시스템을 소개했다. 그때는 애플사의 매킨토시에 훨씬 뒤져 있었다. 그러나 셀 수도 없이 많은 개정판을 낸 후 윈도우는 이제는 개인용 PC에서 가장 많이 사용하고 있다.

초점을 맞춘다는 것은 하나님께서 주신 일에 한 마음을 품는 것이다. 그러나 한 마음을 품는다는 것은 극단적인 경직성을 의미하지는 않는다. 인간의 눈이 움직이는 물체에 초점을 맞추기 위해서는 계속해서 스스로 조정할 수 있어야만 한다. 레슬링을 하는 사람은 상대방과 드잡이를 하고 승부에서 이기기 위해 자신의 근육의 유연성을 활용한다.

두 마음을 품는다는 것은 당신의 목표에 대해 불확실성을 갖게 하므로 당신의 집중력을 흐트려 놓을 것이다. 우리의 목표는 하나님께서 그분의 말씀과 기도를 통해 우리 안에 세우신 것이다. 우리는 하나님께서 주신 목표를 이루기 위해 우리의 믿음을 단련시켜야 한다.

> 오직 믿음으로 구하고 조금도 의심하지 말라 의심하는 자는 마치 바람에 밀려 요동하는 바다 물결 같으니 이런 사람은 무엇이든지 주께 얻기를 생각하지 말라 두 마음을 품어 모든 일에 정함이 없는 자로다(약 1:6-8).

궁극적으로, 초점을 맞춘다는 것은 하나님의 온전한 형상을 가지고 계신 구원자 예수님께 우리의 마음의 눈을 고정시키는 것이다. 우리 인생에서의 목표가 그분을 닮는 것이라면 우리가 사업상 매일 접해야 하는 어려움이 크더라도 그분은 우리를 그분의 온전한 평안 가운데 있게 하실 것이다. 하나님께 초점이 맞춰진 믿음은 우리가 겪는 좌절과 실패를 그분과 동행하는 가운데 더 나은 것으로 바꾸실 것이다. 이는 하나님께서 우리를 저버리거나 우리가 감당하지 못할 시험을 주시지 않으시겠다는 약속이 있기 때문이다. 주님은 우리에게 자그마한 믿음을 주신 분이고 그것이 성숙할 수 있도록 양육하시는 분이다. 한번은 막 시작한 회사의 대표처럼 활동하고 있는 사람을 만난 적이 있는데 그 사람의 명함을 보니 직함이 없었다. 그래서 어떻게 된 일인지 물었더니 그가 귓속말로 이렇게 속삭였다. "사실 나는 천사(Angel)예요." 벤처 캐피탈(Venture-Capital) 계에서 천사(angel)는 새로 시작한 회사에 다른 사람이 투자하기 전에 종자돈(seed money)을 대는 투자가를 의미한다. 천사들(angels)은 또한 종종 회사에 머무르면서 새로 시작하는 회사의 경영을 도와주기도 한다. 이때 "이것이 바로 하나님께서 우리에게 하시는 일이구나"라는 생각이 들었다.

주님은 다른 어떤 이들이 우리의 삶 속에 있는 영원한 가치를 보기 전에 우리에게 투자를 하신다. 그리고 우리가 열매를 맺는

오로지 한 마음으로 초점을 맞춤

단계에 이를 때까지 우리와 함께 하신다. 사도 바울은 이렇게 적고 있다. "너희 속에 착한 일을 시작하신 이가 그리스도 예수의 날까지 이루실 줄을 우리가 확신하노라"(빌 1:6).

13

승리하겠다는 의지로 열심히 일함

당신이 사업을 하고 있다면 성공에 대한 의지를 가져야 한다. 사도 바울은 믿음의 삶을 경주와 비교했다(히 12:1). 이것은 다른 사람들과 경쟁을 하는 것이 아니라 죄와 육체와 악에 맞서 경쟁하고 있다.

> 우리의 씨름은 혈과 육에 대한 것이 아니요 정사와 권세와 이 어두움의 세상 주관자들과 하늘에 있는 악의 영들에게 대함이라(엡 6:12).

많은 사람들이 이 구절에서 뒤에 나오는 "정사와....대함이라"라는 부분보다 앞에 있는 "우리의 씨름은... 아니요"라는 부분을 더 좋아한다. 나는 가끔 테니스를 칠 때 남을 잘 배려하며 치기 원하던 한 믿는 사람의 이야기를 하곤 한다. 그는 시합을 같이 하고 있는 상대방이 뛰거나 긴장하거나 지치게 만들고 싶지 않아 일부러 모든 시합에서 지고 결국에는 같이 테니스를 칠 사람들도 잃었다. 그의 테니스 상대들은 그에 대한 존중심을 잃었으며 더 이상 그와 경기를 하고 싶어하지 않았다.

예수님께서는 달란트에 대한 다음과 같은 비유를 하셨다.

> 한 달란트 받았던 자도 와서 가로되 주여 당신은 굳은 사람이라 심지 않은데서 거두고 헤치지 않은데서 모으는 줄을 내가 알았으므로 두려워하여 나가서 당신의 달란트를 땅에 감추어 두었었나이다 보소서 당신의 것을 받으셨나이다 그 주인이 대답하여 가로되 악하고 게으른 종아 나는 심지 않은 데서 거두고 헤치지 않은데서 모으는 줄로 네가 알았느냐 그러면 네가 마땅히 내 돈을 취리하는 자들에게나 두었다가 나로 돌아와서 내 본전과 변리를 받게 할 것이니라 하고 그에게서 그 한 달란트를 빼앗아 열 달란트 가진 자에게 주어라 무릇 있는 자는 받아 풍족하게 되고 없는 자는 그 있는 것까지 빼앗기리라(마 25:24-29).

만약 당신이 하나님으로부터 사업에 부르심을 받았다면 당신은 사업장에서 용기와 인내심을 가지고 정정당당하게 경쟁을 하도록 부르심을 받았다. 우리는 성실히 일함으로 우리의 믿음을 보여야 한다. 그리고 한 달란트를 가진 두려움 많고 신뢰할 수 없는 종처럼 되어서는 안 된다. 우리가 풍성하게 된 열 달란트 가진 종처럼 되는 것은 하나님의 뜻이다. 당신의 고객이나 고용자가 당신과 함께 팀으로 돈을 벌 때 그들이 이기는 것이고 또한 당신이 이기는 것이다. 사업은 경기와 같다. 그리고 그것은 자연히 경쟁이 따른다. 더욱이 주님은 때때로 엄격한 작업 감독처럼 보일 때가 있다. 그분은 우리의 역량을 아시고 우리가 할 수 있는 최고를 요구하신다. 사업장에서 증인이 된다는 것은 하나님을 신뢰하고 당신의 빛을 발하며 열심히 일을 하는 것을 의미한다. 정정당당히 경기를 하라. 그러나 최선을 다하고 이기도록 노력하라.

당신이 이기고 다른 이들이 이기도록 도왔을 때 그들에게 예수님에 대해 말하라. 그들은 당신의 이야기를 들을 것이다. 왜냐하면 당신이 거둔 승리를 그들이 존중하기 때문이다.

열심히 일할 때와 휴식을 취할 때가 언제인지 아는 것은 하나님 나라의 전문인들(Kingdom Professionals)을 위해 아주 중요하다. 열심히 일하는 훈련을 통해서만 얻을 수 있는 특별한 기쁨이 있다. 어떤 신자들은 일하는 것이 아담의 타락 이후 저주 때문에 생겼다고 생각을 한다. 구원받지 못한 세상은 공허함으로 가망이 없다고 말하는 것은 사실이다. 하지만 구속받지 못한 이 세상은 하나님 나라를 위해 일하는 사람들의 종착지는 아니다. 궁극적으로 우리는 세상의 보화를 위해 일하는 것이 아니라 하늘의 보상을 위해 일한다. 바울 사도는 이렇게 말했다.

무슨 일을 하든지 마음을 다하여 주께 하듯 하고 사람에게 하듯 하지 말

승리하겠다는 의지로 열심히 일함

라 이는 유업의 상을 주께 받을줄 앎이니 너희는 주 그리스도를 섬기느

니라(골 3:23-24).

주님을 모르는 많은 사람은 일을 극도로 열심히 하고 근무시
간 이후에도 일을 한다. 어떤 이들은 그들의 노동의 대가로 엄청
난 보상을 받는다. 야망뿐만 아니라 삶의 다양한 필요들과 성공
에 대한 갈망이 사람들로 하여금 열심히 일하도록 한다. 잠언의
말씀을 기억하라.

"노력하는 자는 식욕을 인하여 애쓰나니 이는 그 입이 자기를
독촉함이니라"(잠 16:26). 그리스도인들은 회사의 이윤을 증가
시키는 것보다 하나님 나라의 건설이 더 중요하다는 것을 알고
있다. 그러나 사업으로 부르심을 받았을 때 주어진 일에 대한 성
실과 헌신은 주님을 영화롭게 한다. 하나님 나라의 메시지가 사
업장에서 효과를 발휘되게 하려면 그곳에서 믿는 사람들의 탁월
성이 믿지 않는 이들의 탁월성을 능가해야 한다.

종종 믿지 않은 사람들은 자신의 일에서 열심을 다함으로써
하나님 나라의 사람들을 부끄럽게 하기도 한다. 내가 아는 한 성
공한 회사의 그리스도인 사장은 회사 내의 다른 그리스도인 사
원들과 문제가 있었다. 그가 내게 와서 말했다. "믿는 사람들과
일하는 것은 너무도 어려워요. 내가 어떤 일을 시키면 그들은 내
가 그들을 사랑하지 않는다고 하면서 내 말을 따르지 않겠다고

합니다." 그는 믿지 않는 사람들을 더 많이 고용하려고 한다. 왜 냐하면 그들은 자신의 직업을 유지하기 위해서는 회사를 위해 결과를 만들어야 한다는 것을 이해하기 때문이다.

오늘날 그리스도인들이 사업장에서 성공하기 위해서는 교회 안에서 열심히 일하는 것의 가치와 탁월함이 고취되어야 한다. 주님이 내일 오신다면 무엇을 하겠냐는 질문에 위대한 종교 개혁자인 마틴 루터는 나가서 한 그루의 나무를 심겠다고 했다. 그리스도인들은 단지 앉아서 주님 오시는 것만을 기다릴 수 없다는 것이다. 우리는 전 세계가 주님의 영광을 받아들이도록 해야 한다.

Y2K 재해를 예견하는 일에 왜 그렇게 많은 그리스도인들이 틀렸는지 나는 적어도 한 가지 이유를 알고 있다. 2000년 1월 1 일이 가까워 오는 몇 달 동안 시스템을 손보느라 고생하는 컴퓨터 산업의 전문가들의 노고를 교회 전체는 과소평가 한 듯 하다. 큰 회사들은 Y2K 관련 문제들로 인한 거대한 법정 소송을 걱정하고 있었고 그들은 소프트웨어를 고치고 업그레이드하고 위험성이 있으면 아예 교체를 하는 데 몇 십억씩을 들였다.

지금 와서 생각해 보면 그들이 너무 많은 돈을 쏟아 부었다고 생각을 한다. 컴퓨터 프로그래머들은 문제를 제거하거나 적어도 컴퓨터 전체가 멈추는 것을 막기 위한 신속한 수리를 위한 프로젝트들에 여러 주일 동안 높은 보수를 받으며 일을 하곤 한다.

승리하겠다는 의지로 열심히 일함

나 자신도 컴퓨터 산업의 전문가로서 나의 그리스도인 동료들이 이러한 재해를 예견하고 있는 동안에 믿지 않는 전문가들은 재해를 피하기 위해 너무도 열심히 일하고 있어서 당황했다. 때때로 믿음을 가진 사람들이 현실 세계에서 소외될 수도 있는 듯하다.

성경은 믿음이 없이는 하나님을 기쁘시게 할 수 없다고 말하고 있다(히 11:6). 그러나 신약성경에 있는 야고보서는 행함이 없는 믿음은 쓸모없다고 말하고 있다(약 2:17-20). 물론 그는 구원에 대해서 이야기를 하고 있는 것이다. 그러나 우리를 구원한 믿음은 우리의 삶을 유지시키는 믿음과 같은 믿음이다. 결과적으로 우리는 하나님께서 우리의 수입과 삶 그리고 우리의 호흡까지도 제공하신다는 것을 믿을 때 우리의 믿음은 우리의 행함을 통해 참된 특징을 보여야 한다. 우리의 믿음이 온전하다면 우리가 얼마나 겸손한지에 상관없이 우리의 행함(일)은 탁월한 결과를 낳을 것이다. 내가 일을 한 경험으로 봐서는 열심히 일하지 않고서는 우수함을 보일 길이 없다.

인정받고 싶어 하는 욕망은 인간의 아주 깊은 본성이다. 그러한 욕망은 사람들로부터 거부당할까봐 우리 자신에 대해 담대하고 명확하게 진리를 말하지 못하도록 우리를 위협할 수 있다. 대부분의 그리스도인들은 믿지 않는 동업자들이나 친구들에게 예수님과 사역에 대한 자신의 믿음에 대해 말하는 것이 얼마나 어려운지 알고 있다. 또 이와 비슷하게 나는 다른 사역자들을 만나면 사업 이야기에 대해 함구할 필요를 느낀다. 왜냐하면 사업 이야기를 하다가 잘못해서 그들과 멀어질 수 있기 때문이다.

신중한 것은 지혜로운 것이고 그것은 긍정적인 결과를 가져온다. 그러나 위협은 주님으로부터 오는 것이 아니다. 사도 바울은 자신의 제자들과 믿음의 아들 디모데에게 이렇게 쓰고 있다. "하나님이 우리에게 주신 것은 두려워하는 마음이 아니요 오직 능력과 사랑과 근신하는 마음이니 그러므로 네가 우리 주의 증거와 또는 주를 위하여 갇힌 자 된 나를 부끄러워 말고 오직 하나님의 능력을 좇아 복음과 함께 고난을 받으라"(디모데후서 1:7-8). 만약 당신을 두가지 일로 부르셨다면 당신의 삶에서 행하신 하나님의 특별한 역사를 부끄러워하지 말라.

사업가와 사역자로서 나는 보통 한 종류 이상의 명함을 가지고 다닌다. 사업에 관련된 명함이 더 필요할 때가 있고 사역에 관련된 명함이 더 필요할 때가 있다. 이렇게 하는 명백한 실질적인 이유가 있는데 어떤 나라에서는 안전에 대한 문제 때문이기도 하다. 그러나 보통은 공격이나 오해를 피하려는 의도가 내면에 깔려 있다. 물론 우리는 다른 이들을 상대할 때는 지혜가 필요하다. 그리고 이렇게 두 가지 직업을 가지고 있는 우리 같은 사람들은 이 두 개의 신분을 남을 기만하는 데 잘못 사용하지 않도록 조심해야 한다.

잠언의 기자는 이렇게 말하고 있다. "사람을 두려워하면 올무에 걸리게 되거니와 여호와를 의지하는 자는 안전하리라"(잠 29:25). 하나님을 의지하는 대신 주위의 다른 사람들을 의지하는 많은 믿는 사업가들이 있다. 이것은 슬픈 일이다. 왜냐하면 하나님께 헌신된 삶을 사는 믿는 사업가들은 다른 이들로부터 온전한 만족을 얻을 수 없기 때문이다. 결코 채워지지 않는 갈망만이 있을 뿐이다. 일 중독자들(workaholics)은 결코 쉬지 못하며 일을 떠나서는 평안함을 느낄 수 없는 사람들이다. 자기 정체성이 너무 일에만 묶여서 벗어날 수 없다. 이것은 우리를 제한하고 우리의 기쁨을 빼앗아가고 우리의 영적인 그리고 육적인 건강에 공격을 가하는 덫이다. 이를 점검하지 않고 내버려둔다면 우리와 우리 주위에 있는 사람들든 이 치명적인 함정의 부정적인 영향을 계속 받게 될 것이다. 해결책은 주님의 이끄심을 바라고 우선 순위를 주님께 두는 것이다.

하나님의 평안이 훈련과 용기로 위협에 저항하고 그분의 은혜에 응답하는 이들에게 있을 것이다. 이사야 선지자는 이렇게 이야기하고 있다. "주께서 심지가 견고한 자를 평강에 평강으로 지키시리니 이는 그가 주를 의뢰함이니이다"(사 26:3).

위협에 저항하기

사업 관계를 형성하기

사업은 인간의 삶의 복합적인 부분이고 이것은 인간 관계의 네트워크를 통해서 진행된다. 능력 있는 사업가는 지금 당장에 유용하지 않을 지라드 항상 전도가 유망한 사람들을 찾는다. 내가 국제 영업 책임자로 있을 때 아무에게도 연락 없이 어느 아시아 국가를 방문한 적이 있었다. 나는 호텔 방에서 기도하고 대사관에 있는 통상 담당자에게 전화를 해야겠다는 느낌을 받았다. 그 사람은 관련 분야에서 작은 회사를 운영하고 있는 지역 사업가를 추천해 주었다. 그를 만났을 때 나는 그가 드물게 똑똑하고 능력 있는 사람이라는 인상을 받았다. 그의 회사는 내가 원하던 완벽한 조건을 갖춘 회사는 아니었지만 나는 그의 회사를 우리 회사의 총판으로 계약했다. 내가 그를 만났을 때 그의 회사에는 25명의 직원들이 있었는데 그 후에 만났을 때는 2백 명이 되었고 그 후 얼마 되지 않아 2천 명을 넘어서게 되었다. 어느 날 나는 그가 아무런 경험도 없음에도 정부 총리에 의해 각료수준의 자리에 지명되었다는 소식을 들었다.

그의 회사는 지금 그 분야에서 가장 크고 영향력 있는 회사들 중 하나가 되었다. 하나님께서는 사람들이 사업에 성공할지 실패할지 알고 계신다. 우리가 그분의 인도하심에 의지한다면 그분이 능력 있는 그리고 적절한 사람들을 만나게 해주실 것이다.

친구들과 일을 하는 것이 어떤지에 대해 여러 번 질문을 받았다. 나의 경험으로는 좋은 관계는 종종 좋은 사업상의 결과를 가져온다. 하지만 간혹 반대 경우가 있기도 하다. 사실 우정을 기반으로 사업을 하는 것은 아주 오랫동안 유지해 온 귀한 관계들을 깨뜨릴 수도 있다. 물론 모든 법칙에는 예외라는 것이 있다. 그러나 이윤을 창출하는 사업은 합법적이고 윤리적인 방법을 통해 고객들에게 일관된 가치를 가져다 줄 때 가능하다. 성경적 도덕성을 지니고 사업을 하는 사람들 사이의 신뢰와 국제법과 적절한 관행은 실질적인 필요조건이다. 우정은 큰 유익이 될 수 있지만 필요조건은 아니다.

믿는 사람들이 믿지 않는 사람들과 협력해야 하는가? 많은 종류의 협력이 있는데 장기적으로 볼 때 동등한 지분 소유 구조는 옳지 않다고 생각한다. 성경은 이것에 대해 경고하고 있다. 나는 목회자로 부르심을 받고 자신의 사업을 매각하려고 하는 한 사업가를 만난 적이 있다. 그는 효율적이고 윤리적인 방법으로 사업을 하고 있는 믿지 않는 사람에게 그의 사업을 넘겼다. 원활하

하나님이 관심 두시는 사업

게 사업을 넘겨주기 위해서 그는 일정 기간 동안 사업을 관심 있게 지켜봐야 했다.

그러나 멍에를 동등하게 지지 않기 위해 그는 지분의 80%는 팔고 20%만 가지고 있었다. 퍼센트가 중요한 것은 아니다. 그러나 이러한 지분은 새로운 사업주가 완전한 통제권을 발휘하는 동안 그로 하여금 사업에 대해서 제한적이지만 지속적인 참여가 가능하도록 했다.

성경에 의하면 하나님께서는 인간을 그의 형상으로 지으셨다고 한다. 그리고 우리에게 세상을 다스리도록 하셨다. 죄는 반역과 이기심으로 이러한 관계를 파괴했다. 그러나 하나님께서는 독생자 예수 그리스도의 죽으심을 통해서 구원의 길을 열어 주셨다. 인간을 향한 하나님의 원래 의도는 아직도 계속 되고 있다. 인간은 아직도 지구상에 있는 물질 자원에 대한 책임을 지고 있다. 하나님과 올바른 관계를 맺는다는 것이 천국과 지옥을 가른다고 하겠다. 하나님과의 바른 관계는 항상 첫 번째 우선 순위이다. 그러나 올바른 사람과의 올바른 관계는 사업에서 성공을 의미한다. 하나님의 말씀은 사람을 선택하고 우리를 성공으로 이끄는 일종의 관계들을 형성하는 데 필요한 지혜를 제공한다.

16 문화간의 차이를 잘 다루기

사업이 급속도로 세계화되면서 문화를 넘어 일하는 새로운 도전들은 흔한 일이 되었다. 문화적 이슈들은 오늘날 다국적 사업계에서 사업 이슈로 부각되고 있다. 문화적인 차이를 이해하고 그것이 사업 성장에 걸림돌이 되지 않도록 잘 다루는 일이 아주 중요해졌다. 문화는 언어, 관습 그리고 음식 그 이상의 것을 의미한다. '문화'(Culture)라는 말은 영어의 '경작하다'(to cultivate) 또는 '재배하다'(to grow)라는 말에서 왔다. 문화는 우리가 성장하는 환경이다. 그것은 우리의 가치가 무엇이며 무엇을 주의해야 하고, 무엇을 무시해도 되며, 어떻게 우리의 감정을 표현하는지 그리고 그 이상의 것들을 가르쳐주고 있다. 산호초와 같이 문화는 다방면의 아름다움과 진기함을 가지고 있다. 문화는 여러 세대를 거쳐 조용히 그리고 서서히 형성되면서, 그 문화 속에 거하는 사람들에게는 보호막을 제공하고 여러 방문객들에게는 즐거움을 제공한다. 그러나 많은 경우 타

문화를 경험해 보면 산호초와 같이 문화도 강하고 아주 날카로
운 면을 가질 수 있음을 배우게 된다.

다국적 기업에서 일하는 유능한 사업 책임자들은 의사소통을
훌륭히 해내고 사업을 성공시키기 위해서 현지의 문화에 맞는
태도를 취하고 깊이 감추어진 문화적 암초들을 피하는 방법을
배운다.

언젠가 일본에 있을 때 나는 아내와 함께 일본 문부성이 주최
하는 일본과 미국 경영자들 사이의 근무 습관의 차이를 연구하
는 집회에 참석한 적이 있다. 그 날은 일본에서 성공적으로 회사
를 설립 운영하고 있는 미국 회사를 연구했다. 그 회사는 디즈니
랜드였다. 우리가 동경에서 살고 있을 때 디즈니랜드는 일본 개
발자와 파트너가 되어서 많은 수익을 내는 놀이동산인 도쿄 디
즈니랜드를 세웠다. 우리는 그 날 일본의 동업자와 함께 놀이동
산을 설립한 미국인 책임자와 인터뷰한 내용들을 연구했다. 미
국인들이 발견한 것은 일본에서는 결정을 내리는 데 좀더 많은
시간이 걸리지만 대신 실수가 적고 전체의 질이 높으며 계획을
실행하는 데에도 일반적으로 미국보다 더 시간이 단축된다는 것
이다. 그러나 디즈니에서 온 사람들을 당황하게 하는 경우들도
있었다.

하나의 예로 한 미국인 책임자가 일본인 동료와 공사장을 걷
고 있었다. 그들은 공사가 절반 정도 진척을 보이는 놀이동산의

한 시설을 점검하고 있었다. 설계도를 확인하던 일본인 책임자는 시공중인 벽이 설계도보다 1m 떨어진 곳에 세워져야 할 필요가 있다는 것을 지적했다. 분명한 설계상의 잘못이었다.

미국인 책임자는 일본인 책임자에게 이렇게 말했다. "설계 회사의 도안사가 실수를 했나 보군요. 사람들을 시켜서 벽을 옮기죠." 그러나 일본인 책임자는 설계사의 실수를 인정하면서도 벽을 옮길 수는 없다고 했다. 대신 그 설계도를 설계 검열 위원회로 보내야 한다고 말했다.

"그렇게 하면 며칠이 걸립니다." 미국인 책임자의 말에도 불구하고, 설계도는 설계 검열 위원회로 보내졌고, 실제로 며칠이 더 소요되어야 했다.

오늘날 미국 회사들이 국제 사업의 대부분을 통제하고 있다. 그들은 각 나라 사업가들에게 자주 비난을 듣는다. 내가 일본에서 일할 때도 미국인들에 대한 일본인들의 불만의 소리를 자주 듣게 되었다. 그들은 이렇게 말했다. "그들과 일하는 것은 힘들어. 그들은 결정은 빨리 내리지만 그 결과는 잊어버려. 그들은 마치 말 위에서 카우보이가 총을 쏘는 것 같아. 좀더 인내심을 가질 수는 없을까?" 또한 우리가 이스라엘로 이사 온 후에도 이스라엘 사람들이 미국 사람에 대해 자주 불평하는 소리를 들었다. 그들은 이렇게 이야기를 했다. "그들과 일하는 것은 힘들어. 그들은 너무 느리단 말이야. 모든 것을 규칙대로만 하려고 해.

문화간의 차이를 잘 다루기

그들은 너무 융통성이 없어. 좀더 융통성을 가질 수는 없나?”

나는 그 이스라엘 사람에게 이렇게 이야기를 했다. “잠깐만요. 누구한테 그렇게 불만이세요? 미국 사람요? 일본 사람을 아직 안 만나 보셨군요.” 나는 ‘일본인들이 이스라엘 사람인 당신들을 만나 봐야 하는데’ 하며 혼자 생각을 하곤 했다.

요즘에 이스라엘 회사와 같이 사업을 하는 일본 회사의 수가 늘고 있다.

우리는 문화의 차이가 너무 확연하게 드러나는 것을 볼 수 있다. 일본 책임자들은 결정을 할 때 의견의 일치를 중요시한다. 보이지 않는 뿌리라는 원예 용어인 ‘네마와시(nemawashi)’라는 말이 있다. 원래는 이 용어는 나무를 옮겨 심을 때 일이 수월하도록 그 뿌리를 잘 마무리하는 것을 가리키는데 이 용어가 지금 일본회사의 그룹의사 결정 과정을 설명하는 것으로 널리 이해되고 있다. 일본회사에서는 일을 맡기 전에 주요 책임자들이 그 일을 검토하고 자신의 담당 부분을 승인한다. 그리고 최고 경영팀은 중간 책임자들이 자신의 부서가 이번 일과 실행 계획에 동의하는 것을 알고 난 후 승인하고 결정을 내린다. 일본 회사에서 결정이 늦어지는 이유가 여기에 있다. 반면에 업무계획이 다 짜여 있기 때문에 계획의 실행은 추가 비용이 발생하는 실수 없이 굉장히 빠르게 진행된다.

이스라엘의 문화에서 계획과 자발성에 대한 접근은 아주 독특하다. 고등학교 졸업 후에 여성을 포함해서 모든 사람은 국방의 의무를 담당해야 한다. 군대는 젊은 이스라엘 사람들에게 지대한 영향을 준다. 의무 복무 기간 중이 맺게 되는 우정과 더불어 이 기간 동안 주어지는 훈련은 그들의 삶 전체에 영향을 준다. 이스라엘 군대에서 가르치는 신조 중에 하나는 히브리말로 '토흐니트 히 바쉬스 이시누이(Tochnit hi basis I' shinui)'이다. 이것은 '계획은 변화를 위한 기초(Plan is the basis for change)'라는 뜻이다. 젊은 이스라엘 지휘관은 전시 상황에서 급변하는 상황에 맞게 원래 계획을 바꾸면서 전장에서 중요한 결정들을 내려야 한다.

이러한 사고 체계가 사업계에 그대르 영향을 주고 있다. 그리고 아마 이러한 사고는 이스라엘인들이 신속히 변화하는 하이테크 세계에 특히 적합한 이유가 될 것이다.

이스라엘 사람과 일본 사람이 힘께 일을 하면 이러한 문제들을 쉽게 볼 수 있다. 그러나 하나님 나라의 전문가들(Kingdom Professionals)은 타문화에서 사업을 할 때 숨겨진 큰 이점이 있다. 하나님의 나라는 영적 생명이 있는 나라이며 진리와 실용적인 지혜를 위한 환경을 제공하는 독특하고 탁월한 문화를 지니고 있다. 하나님 나라의 문화적 기초는 하나님 자신의 성품이다. 신앙을 가진 사업가가 진정으로 하나님 나라의 높은 문화를 품는다면 그는 거칠고 도덕적으로 애매한 사업계에서 다른 이들과 상대할 때 연민과 성실(integrity)과 정의를 드러내면서 소금과 빛의 역할을 할 수 있다. 하나님 성품의 아름다움은 아주 놀라운 방법으로 문화의 장벽들을 넘어 전달되고 있다. 거의 모든 이들이 사람을 중시하고 생산과 재정 부분의 약속을 지키고 좋은 질을 유지하는 동업자의 가치를 잘 알고 있다. 다문화적 환경 속에서 하나님의 문화가 기반이 된다면 순전한 이해와 진리에 바탕을 둔 좋은 사업들이 더 많이 일어날 것이다.

하나님의 문화를 과시해 보이기 위해서는 하나님께서 원하시는 것을 그분이 일하시는 방법으로 하겠다는 굳건한 노력이 필요하다. 이런 점에서 성경은 우리에게 하늘의 문화를 가르쳐주는 지침서이다.

우리는 믿음이라는 새로운 언어를 배울 필요가 있고 은혜라고 하는 새로운 습관을 개발해야 한다. 우리는 예수님께서 말씀하신 '알지 못하는' (요 4:32) 새로운 음식의 맛을 알아야 하고 하나님 말씀의 '신령한 젖' (벧전 2:2)을 마실 필요가 있다. 성경은 단순한 역사서나 경전이 아니다. 성경은 하나님의 사람들을 위해 삶의 전반을 분명하게 다루고 있다. 모세를 통해 언약을 맺으신 하나님께서는 그분의 뜻으로 택한 족속인 이스라엘에게 거룩한 율법으로 하나님의 문화를 주셨다. 하나님의 목적은 하나님의 사람들에게 천국의 실재를 알게 하는 것이다. 예수님께서는 하늘나라에 대한 설교를 하시면서 이스라엘의 문화를 초월하여 영적인 차원에 초점을 맞추는 새로운 언약을 주셨다. 하나님과 맺은 새로운 언약 아래 나아간다는 것은 모든 것이 바뀌어야 한다는 뜻이다. 사도 바울은 구세주를 아는 것과 비교해서 그의 유대의 전통을 '배설물'로 묘사했다. 이는 그가 문화가 없는 사람이라는 의미이거나 자신을 합리화하는 식의 변화를 모색하는 문화적 카멜레온이라는 뜻이 아니다. 바울은 우리의 '하늘의 시민권'(빌 3:20)에 대해 쓰고 있다. 우리는 흔들리지 않는 하늘의 문화 안에 서 있기 때문에 믿는 사람들은 세상적 문화의 많은 면들을 구속시킬 수 있고 우리 왕의 목적을 이루기 위해 그것들을 채택할 수 있다. 그러나 결코 타협할 수 없는 천국 문화의 기초들이 있다. 바울은 복음을 전하기 위해 '여러 사람에게 여러 모양'(고전 9:22)이 되고자 했지만 정작 자신의 생명을 지키기 위해 로마 황제를 숭배하지는 않았다.

우리는 세계적 사업 문화의 조류 속에서 하나님의 종으로서 우리의 정체성을 타협해서는 안 된다.

하나님 나라의 전문가들(Kingdom Professionals)은 열방을 제자화하는 일에 헌신해야 하고, 우리의 삶 속에서 드러나는 눈에 보이는 차이들로 인해 열방과 문화들이 변화될 것이다. 복음의 설교자들이 그들의 믿음 때문에 순교를 당했다면, 하나님의 나라를 섬기는 믿는 사업가들도 매우 어려운 상황에 처하게 될 것이다. 걸프전이 있기 몇 주 전부터 국제 항공사들이 하나 둘

씩 이스라엘의 벤 구리온 공항에서 철수하기 시작했다. 위험한 나라에 운항 서비스를 제공할 수 없는 합리적이고 사업적인 이유로 높아진 보험료를 들었다. 대부분의 국가들은 대사관 직원들을 안전한 지역으로 이동시켰다.

맨 마지막으로 유엔의 평화유지군이 그들의 가족들을 이스라엘 여러 도시에서 고국으로 보냈다. 대량 살상용 생화학 무기에 의한 공격 위협을 앞두고서 이스라엘에서 주님을 섬기는 많은 사람들은 머물러 있거나 떠나야 하는 결정을 해야 했다. 그것은 사업에 대한 염려나 가족들의 압력 혹은 개인의 안전을 고려해서가 아니라 하나님의 직접적인 인도하심에 기초를 둔 결정이었다. 하나님 나라의 대표자들은 항상 이 땅의 문화보다는 더 높은 권위에 응답할 수 있어야 한다. 하나님 나라 문화를 실천한 오래된 모델 중의 한 사람인 욥은 이렇게 말했다. "죽이실지라도 그 안에 내 소망이 있노라"(욥 13:15). 오늘날 몹시도 경쟁적인 사업 환경의 일상적인 밀고 당김 속에서도 욥의 인내심과 믿음은 믿는 사업가들에게 본받을 만한 모델이 된다. 욥은 그가 소중히 여기는 것들을 모두 잃는 시험을 당했지만 자기 의에 가득 찬 친구들을 위해 바른 태도의 기도를 드렸고, 하나님께서는 그런 욥에게 이중의 축복을 내리셨다.

17

새롭게 시작하는 것의 가치

잘 알려진 성경 속의 영웅들뿐 아니라 성공한 많은 사업가들의 이야기는 그들이 적어도 한 번은 실패를 하고 모든 것들을 다시 시작해야 했다는 사실을 보여 준다. 우리는 완전히 다시 시작하는 것을 두려워해서는 안 된다. 하나님의 성품에 뿌리를 둔 믿는 사람들은 세상을 흔드는 변화의 바람과 파도가 몰아쳐도 그것들을 다스릴 수 있는 강력하고도 충분한 기초가 있다. 앞으로 다가올 날들에는 오랫동안 유지되었던 전통들과 인정받아왔던 기관들이 사라질 것이고 다른 것들은 새롭게 뒤바뀌어야 한다. 세계의 역사는 주님이 다시 오시는 세대의 마지막 그 정점을 향해 세워지고 있다. 하나님께서는 그분의 백성들이 이러한 거대한 변화를 잘 통제하고 새로운 관점으로 다시 시작하는 도전에 두려움 없이 맞서 나가기를 원하신다. 주님으로부터 예레미야 선지자에게 온 이 말씀을 읽어보라.

너는 일어나 토기장이의 집으로 내려가라 내가 거기서 내 말을 네게 들리리라 하시기로 내가 토기장이의 집으로 내려가서 본즉 그가 녹로로 일을 하는데 진흙으로 만든 그릇이 토기장이의 손에서 파상하매 그가 그것으로 자기 의견에 선한대로 다른 그릇을 만들더라 때에 여호와의 말씀이 내게 임하니라 가라사대 나 여호와가 이르노라 이스라엘 족속아 이 토기장이의 하는 것 같이 내가 능히 너희에게 행하지 못하겠느냐 이스라엘 족속아 진흙이 토기장이의 손에 있음 같이 너희가 내 손에 있느니라(렘 18:2-6).

예레미야가 보았던 토기장이는 같은 진흙을 가지고 완전히 다시 시작해서 새로운 어떤 것을 만들었다. 하나님께서는 우리는 진흙이고 그분은 토기장이라고 말씀하셨다. 그분이 우리를 가지고 완전히 새로 시작하실 수 있을까? '갱신(renewal)' 이라는 말은 다시 새로워진다는 말이다. '새롭다' 라는 말은 말 그대로 '새롭다' 라는 말이다. 시간이 흐르기 때문에 한때는 새로웠던 것도 새로운 것으로 남아 있을 수 없다. 좋은 것이라 할지라도 모든 것은 낡게 되어 있다. 과거에 우리를 축복하고 치유하고 영감을 주셨던 하나님의 역사도 우상처럼 될 수 있고 하나님의 온전한 뜻에서 우리를 멀어지게 할 수도 있다.

예수님께서는 새 언약을 맺기 위해 오셨고 하나님의 메시아를 믿는 믿음을 통해 새 생명을 가져오셨다. 그러나 예수님께서는

하나님이 관심 두시는 사업

새로운 것이 있으면서도 옛 것을 더 좋아하는 사람들의 본성을
알고 계셨다.

오래된 부대는 딱딱하고 터지기 쉽고 금이 가기 쉽다. 새 부대
는 부드럽고 유연하다. 그리고 잘 늘어난다. 예수님께서는 우리
의 삶이 부대와 같다는 것을 비유를 통해서 이해시키고 계신다.
우리의 마음과 생각은 딱딱해질 수도 있고 부드러워질 수도 있
다. 우리의 믿음은 경직되고 독선적일 수 있고 혹은 융통성이 있
고 새로운 생각을 품을 수 있을 정도로 폭이 넓어질 수도 있다.
이 성경구절에서 말하는 교훈이 이러한 것이다. 변하고 싶은 마
음이 없으면 우리의 마음은 변하지 않는다. 출애굽할 때 하나님
께서는 이스라엘에 대한 바로의 마음을 강퍅하게 하셨고 그렇게
해서 바로는 완전히 패하고 굴욕을 당했다.

IBM은 한때 세계에서 가장 뛰어난 컴퓨터 회사였다. 1940년대에 초기 컴퓨터를 만들던 여러 회사들 중에 하나였다. 1964년에 IBM의 엔지니어들은 시스템 360이라는 새로운 형태의 컴퓨터를 개발했다. 이것은 시장에 나온 첫 번째 진정한 범용컴퓨터(general purpose computer)이다.

그러나 그것은 모든 것이 바뀌어야 한다는 것을 의미했다. IBM의 고객들은 그들의 예전 프로그램들을 버리고 완전히 새롭게 시작해야 했다. 이것은 아주 큰 위험을 안고 있었다. IBM 본사에서는 더 많은 토론이 있었는데 그 결과 시스템 360을 내놓기로 했다. 큰 성공을 거두었다. 그 결과 IBM은 컴퓨터 산업을 주도 할 만큼 거인이 되었다.

1965년까지 IBM은 컴퓨터 시장의 70%를 차지했다. 1980년대에는 세계에서 가장 수익이 큰 회사였고 포춘지(Fortune magazine)가 선정한 미국에서 가장 존경받는 회사에 여러 번이나 올랐다.

오늘날 IBM에 대해 그리 많이 듣지 못했을 것이다. 마이크로소프트나 아메리카 온라인, 델, 컴팩, 시스코나 다른 회사들은 계속 뉴스에 나오는 데 반해서 IBM은 그렇지가 않다. 왜일까? 그 이유 중에 하나는 이렇다. 1970년대에 IBM의 엔지니어들이 다시 한번 새로운 형태의 컴퓨터를 개발했는데 이것은 다시 한번 IBM과 고객들이 완전히 새로운 운영체제와 프로그램을 써야 한다는 것을 의미했다. 그러나 이 새로운 컴퓨터는 시장에 내놓기에는 너무 위험하다는 생각에 출시되지 못했다. IBM은 이러한 급진적인 변화를 꾀하기에는 너무 비대하고 유연성을 잃은 상태였다. 10년이 지나서 썬(Sun) 마이크로 시스템이나 휴렛팩커드(Hewlett Packard) 같은 다른 회사들이 그와 같은 것을 개발했다.

그 결과로 '다운사이징(Downsizing, IBM 왓슨 연구소의 직원이었던 Henry P. Downsizing의 이름에서 나온 용어로 다운사이징은 은행 또는 회사 등과 같은 대기업에서 대형 컴퓨터로 수행했던 작업을 PC 또는 중소형 서버 등의 소규모 컴퓨터 여러 대를 근거리 통신망과 같은 네트워크로 연결해 사용함으로써 작업을 수행할 수 있게 환경을 변경하는 작업이다 - 역자 주)'의 물결이 컴퓨터 산업계를 강타했다. 수천 개의 회사들은 값비싼 IBM 컴퓨터(Mainframe)대신 근거리 통신망(LAN-Local Area Networks)을 이용한 작은 컴퓨터 그룹을 이용해 자신들의 필요를 충족시킬 수 있다는 것을 발견했기 때문이다. 오늘날 인터넷을 사용할 수 있는 대부분의 컴퓨터는 원래 IBM에서 개발한 RISC 기술을 사용하고 있다. 1992년 IBM의 주가는 주당 $49로 1987년의 주당 $175에 비해 큰 폭으로 떨어졌다. IBM은 변화하지 못하는 능력과 변화하고자 하는 의지가 없어서 업계의 주도권을 잃어버렸다. 1993년 IBM은 새로운 경영인(CEO)으

새롭게 시작하는 것의 가치

로 식품업계에서 활동했던 외부인사인 라우 거스트너(Lou Gerstner)를 영입했다.

그때부터 그는 완전히 처음부터 다시 시작하는 급진적인 문화 변혁을 주도했고 IBM을 소프트웨어와 컴퓨터 서비스 업체로 탈바꿈시킴으로써 회사의 수익을 다시 창출하기 시작했다.

손목시계는 또 하나의 예다. 스위스가 전 세계 시계 업계를 주도한 적이 있었다. 그들은 여러 세대에 걸쳐 정밀한 계시기(timepiece, 시계)를 만드는 장인들이었고 아주 작은 기어와 스프링으로 정확한 동작 장치(movement)에도 전문가들이었다. 그들이 세계 시계 업계의 90%를 차지하며 기뻐했던 1960년대 스위스의 연구원들은 수정 시계 동작 장치(quartz crystal watch movement, 아날로그나 디지털 디스플레이 시계의 동력은 수정〔Quartz〕이다. 수정 아날로그 시계의 경우 수정에 의해 시간대가 분할되고 배터리에 의해 진동이 발생하게 되는데 전기적으로 움직이는 시계 바늘에 의해 아날로그 시간이 표시된다 - 역자 주)를 개발하는 데 주도적인 역할을 했다. 그러나 스위스에 있는 어떠한 시계 회사도 기어나 스프링을 사용하지 않았기 때문에 그것이 미래의 시계 동작 장치가 되리라고 생각하지 못했다. 사실 이 시계 안에는 움직이는 부속이 거의 없다. 수정 시계(quart watch)는 정교한 수공품이 아니라 전자시계였다. 스위스에서는 이것을 소량 생산하는 기념 상품 정도로 가볍게 여겼

다. 스위스는 초기 수정시계(quart watch)를 1968년 무역박람
회에 가져갔고 그곳에서 일본의 일부 시계 업체들이 이것을 보
았다. 그리고 나머지는 역사가 되었다. 일본인들은 그 아이디어
를 택해서 전체 시계 산업을 수정 시계(quart watch)를 출시하
는 시스템으로 전환했다. 이에 주도적인 역할을 한 일본의 세이
코(seiko)라는 회사는 계속해서 이 수정 시계(quart watch)를
개발했다. 크기가 조금씩 작아지기 시작했고 전지의 사용이 줄
어들었고 가격이 계속해서 떨어졌다. 이 시계는 정교하게 수공
된 정밀시계(chronometer)보다 시간이 더 잘 맞았다. 오늘날 우
리는 대부분 일본제 수정 시계(quart watch)를 차고 있을 것이
다. 스위스 시계의 시장 점유율이 10%이하로 떨어지고 있는 동
안.

신약시대에 예수님께서는 이스라엘에게 변화가 이르렀고 하
나님께서는 급격하게 기꺼이 달라지고자 하는 사람들을 찾고 계
신다고 말씀하고 계신다.

하나님께서는 이스라엘이 얼마나 바뀌었으면 하시는 것일까?
다음의 성경구절을 조심스럽게 읽어보라.

바리새인 중에 니고데모라 하는 사람이 있으니 유대인의 관원이라 2그가

밤에 예수께 와서 가로되 랍비여 우리가 당신은 하나님께로서 오신 선생

인줄 아나이다 하나님이 함께 하시지 아니하시면 당신의 행하시는 이 표

적을 아무라도 할 수 없음이니이다 예수께서 대답하여 가라사대 진실로
진실로 네게 이르노니 사람이 거듭나지 아니하면 하나님 나라를 볼 수
없느니라 니고데모가 가로되 사람이 늙으면 어떻게 날 수 있삽나이까 두
번째 모태에 들어갔다가 날 수 있삽나이까 예수께서 대답하시되 진실로
진실로 네게 이르노니 사람이 물과 성령으로 나지 아니하면 하나님 나라
에 들어갈 수 없느니라 육으로 난 것은 육이요 성령으로 난 것은 영이니
내가 네게 거듭나야 하겠다 하는 말을 기이히 여기지 말라 바람이 임의
로 불매 네가 그 소리를 들어도 어디서 오며 어디로 가는지 알지 못하나
니 성령으로 난 사람은 다 이러하니라 니고데모가 대답하여 가로되 어찌
이러한 일이 있을 수 있나이까 예수께서 가라사대 너는 이스라엘의 선생
으로서 이러한 일을 알지 못하느냐(요 3:1-10).

복음주의적인 그리스도인들에게 '거듭난다(born again)' 라
는 것은 예수님에 대한 믿음을 통해 구원을 얻게 하는 마음의 변
화가 일어나는 것을 의미한다.

니고데모가 예수님의 말씀에서 다른 어떠한 것을 듣는다는 것
이 가능했을까? 예수님께서는 유대의 문화와 가르침에 젖어 있
지만 덕망이 있고 사람들 사이에서 지도자의 역할을 할 정도로
나이가 지긋한 이 사람에게 아이처럼 모든 것을 완전히 처음부
터 다시 시작해야 한다(start all over again)고 말하고 계셨다.
영으로 거듭난다(born of the Spirit)는 것은 예측할 수 없는 변

화로 특징지어지는 삶을 시작한다는 것을 의미한다. 바리새인과 사두개파 사람들과 당시 종교와 문호 지도자들에게 이러한 것들은 너무 큰 도전이었다. 하지만 창녀들과 사회에서 소외당하던 사람들을 포함한 단순한 갈릴리 사람들은 예수님을 따랐다. 그들에게는 변화한다는 것이 훨씬 쉬웠다. 니고데모는 예수님을 따르기 전까지, 예수님의 이 말씀을 가지고 많이 갈등했으리라고 나는 확신한다. 나는 이따금씩 너에게 평안한 삶과 익숙한 문화의 틀을 떠나 모든 것을 급격하게 변화시키고 그분을 따를 용기와 지혜가 있는지 궁금하다.

우리는 거듭남(born again)을 하나님께서 우리를 영생의 삶으로 인도하시는 일생에 한번 뿐인 경험으로 이해를 한다. 그것은 이 위대한 진리의 한 부분 일뿐이다. 구세주 안에 있는 새 생명은 그 이상의 것이다. 거듭난다는 것은 오늘날 그분의 목적을 이루기 위해 필요한 것이면 무엇이든지 하나님께서 명하신 것을 할 준비가 되어 있음을 의미한다. 영생은 우리가 믿음을 갖는 순간에 사인한 일회성 계약이 아니다. 그것은 삶의 질이 변하는 것이며 온전히 새로운 삶의 방식을 의미한다. 성령을 따른다는 것은 두렵고 복잡하고 불편하고 때로는 당황스럽기까지 하다. 그러나 하나님의 좁은 길을 선택한 이들에게 그것은 영생을 의미한다. 다시 시작한다는 것은 어린아이같이 된다는 것을 의미한다. 예수님께서는 우리가 어린아이 같지 않으면 천국에 들어갈

새롭게 시작하는 것의 가치

수 없다고 경고하고 계신다.

> 그 때에 제자들이 예수께 나아와 가로되 천국에서는 누가 크니이까 예수
> 께서 한 어린 아이를 불러 저희 가운데 세우시고 가라사대 진실로 너희
> 에게 이르노니 너희가 돌이켜 어린 아이들과 같이 되지 아니하면 결단코
> 천국에 들어가지 못하리라 그러므로 누구든지 이 어린 아이와 같이 자기
> 를 낮추는 그이가 천국에서 큰 자니라(마 18:1-4).

어른과 아이의 차이는 무엇인가? 오직 시간의 흐름이다. 아이
들은 그들의 삶을 이제 막 시작했다. 그들은 발견하고 배우고 미
래를 준비하고 있다. 경험이 있는 어른들은 그들의 삶이 끝나는
것을 준비하고 있다. 하나님께서는 "어린아이같이 되라"고 말씀
하셨다. 날마다 새롭고 흥미진진한 모험 속으로 처음 뛰어든 사
람의 마음을 품으라. 자라고 변화할 준비를 하라.

히브리서 기자는 하나님을 따르는 것을 "새롭고 산 길"(히
10:20)이라고 말했고, 사도 바울은 "그런즉 누구든지 그리스도
안에 있으면 새로운 피조물이라 이전 것은 지나갔으니 보라 새
것이 되었도다"(고후 5:17)라고 말하고 있다. 하나님의 나라에
서 새로운 것들은 흐름을 멈추지 않는다. 왜냐하면 한번 새로워
진 것도 그냥 두면 낡기 때문이다. 이러한 이유로 사업계에서 믿
는 이들은 자신들의 경험과 전문성을 과신하는 우를 범하는 것

을 피하는 법을 배워야 한다. 우리는 새로운 것에 대한 도전과 위험을 받아들여야 한다.

21세기에는 전 세계적으로 급격한 변화가 일어날 것이다. 우리는 정보 세대(information age)에 살고 있다. 다니엘 선지자는 지식이 증가하는 종말의 때에 대해 이야기한 적이 있다. 언젠가 미래학자인 엘빈 토플러(Alvin Toffler)는 이 무자비한 변화에 대한 우리의 반응을 '미래충격(future shock)'이라고 불렀다. 이러한 현저한 변화는 보통의 경우 고통스럽다. 우리를 둘러싸고 있는 세상이 더 큰 혼란을 경험할 때, 하나님의 변화하지 않는 성품과 세상을 향하신 그분의 구원 계획은 수많은 사람들에게 피난처가 될 것이다. 하나님의 예언적 말씀이 갖는 기능 중의 하나는 믿는 이들에게 하나님의 가르침과 깊은 의미가 담긴 역사(役事)를 선포하면서 다가오는 변화의 때를 준비하도록 하는 것이다.

새롭게 시작하는 것의 가치

18

기도의 우선 순위

The Priority of Prayer

믿는 자들에게 사업은 단순히 직업이 아니라 기도 안에서 세워지고 확인되어야 하는 부르심(calling)이다. 천직(vocation)이라는 말은 직업, 일, 경력을 의미하는데 그것은 '부르다(to call)'를 의미하는 라틴어인 vocare에서 왔다. 하나님께서는 먼저 우리를 그분의 뜻 가운데로 부르신다. 그리고 그분의 부르심에 대한 우리의 반응은 주님의 인도하심과 성공이라는 축복을 받는 데 필요한 믿음의 기초가 된다. 사업계로 부르심을 받은 믿는 이에게는 큰 이점이 있다. 그것은 어려운 결정을 내리기 위해 혼자서 힘들어 할 필요가 없다는 것이다. 왜냐하면 하나님께서 그곳에 함께 하시기 때문이다. 그분의 이름은 임마누엘, 우리와 함께 하시는 분이다.

사업가들은 계속해서 도덕적으로 애매한 상황에 접하게 된다. 도덕적인 타협을 하기가 쉽다. 더욱이 다른 이들이 자신들을 위해서 자주 큰 압력을 가하기도 한다. 기도를 통해서 믿는 이들은 지혜와 해방을 맛볼 수 있다.

애굽에 있던 요셉이나 바벨론에 있던 다니엘은 기도와 인내와 성실로써 악을 이겨내고 하나님께서 주신 부와 권세 있는 자리에 앉은 성경에 나오는 본보기이다. 한 현자는 이렇게 말했다. "세상에는 두 가지 종류의 사람들이 있는데 한 종류의 사람은 삶의 경험을 통해 자신의 길을 만들어 가는 사람이고 또 한 종류의 사람은 기도로써 그의 길을 개척해 가는 사람이다." 당신은 어떤 종류의 사람인가? 기도하는 사람은 매일매일 하나님의 계획에 의지적으로 굴복하며 하나님의 뜻에 자신을 맡기는 사람이다. 나의 의견으로는 이러한 자세와 기도의 실천은 믿는 사업가들에게는 필수적인 비즈니스 도구이다.

기도는 사업상의 난제(難題)를 풀어 나가는 데 도움이 된다. 우리가 일본에서 이스라엘로 이사간 지 일 년이 못 되어 사업차 한국을 방문한 적이 있었다. 택시가 서울에 있는 고속도로를 달리고 있을 때 나는 차창을 통해 회색빛 한강을 보고 있었다. 나는 여의도에 있는 LG 본사에서 회의를 마치고 오는 길이었고 결정해야 할 사항이 있었다. 유명한 한국의 두 재벌들은 우리 회사에서 나오는 광섬유(fiber optic) 제품을 한국에 팔 수 있는 판권을 요구했다. 그것은 아주 좋은 상황이었다. 그러나 기회인 만큼 위험성이 있었다. 금성과 삼성 모두 독점권을 요구했다. 일이 기대에 못 미치면 계약을 끝내고 모든 것을 다시 시작해야 했다.

이것은 많은 피해를 가져올 수 있는 일이다. 빠르게 변화하는 고도 기술(High Technology) 세계에서는 일년이라는 세월에 한 제품의 수명이 다 할 수가 있다. 나는 한번에 좋은 협력업체를 선택해야 했고 서울을 떠나기 전에 그 일을 끝내야 했다.

호텔에 돌아와서 전에 자주 하던 것처럼 침대에 기대어 무릎을 꿇은 후 기도했다. "오, 하나님, 협력업체를 선택할 수 있도록 당신의 지혜를 주시옵소서. 우리와 공정하게 협상하고 약속을 지킬 수 있는 업체를 선택하도톡 해 주시옵소서. 이 뛰어난 나라의 도처에서 진행되고 있는 많은 일에 우리의 기술이 적용되어 우리에게 성과를 가져다줄 수 있는 회사를 저에게 보여 주시옵소서." 나는 주님의 응답을 기다렸고 주님의 평안이 나의 마음에 찾아드는 것을 느꼈다. 주님은 이 일에 나를 부르셨고 주님의 임재하심이 호텔 방안에 가득해지는 순간 나는 어깨의 긴장이 풀리는 것을 느꼈다. 주님은 나를 책임져 주셨고 나의 일 또한 책임져 주셨다. 나의 성공과 실패가 주님의 손에 달려 있었다. 주님은 나와 함께 하셨고 함께 한 우리는 실패하지 않았다.

나는 오후 내내 내 앞에 놓인 결정사항을 깊이 생각하고 있었다. 삼성의 전자부분은 우리 분야에서 아주 우세했고 전반적으로 보면 삼성 그룹은 한국 시장에서 주도적인 역할을 하고 있었다. 반면에 LG 또한 거대 산업 복합기업(conglomerate)이었고 여러 가지 프로젝트를 동시에 수행할 수 있는 능력이 있었다. 그들의 중역 중 한 명이 이스라엘에 있는 우리 회사를 방문해서 많은 관심을 보였다. 전반적으로 나는 삼성에 더 끌렸다. 그러나 그때까지 그리 긍정적이지 않았다. 내가 하나님의 인도하심을 받았는가? 나는 확신이 필요했다.

저녁에 나는 이스라엘에 있는 나의 사무실에 전화를 걸었는데 그곳은 아직 아침이었다. 내 상사가 전화를 받았다. 나는 상황을 설명하고 나의 생각을 말했다. "피터, 삼성과 계약을 맺게." 그는 이렇게 말했다. 나는 전화를 끊었다. 그것은 내가 필요로 했던 확신이었다. 이제는 모든 것이 명확해졌다. 나는 다음 날 아침 그들에게 전화를 했다.

그 후 2년이 넘게 삼성전자는 우리 회사로부터 2백만 달러가 넘게 장비를 구입했다. 우리의 제품은 국가 연구 시설과 기업체 사무실 그리고 서울에 있는 주요 대학들에 설치되었다. 그들과 협력했던 첫 1년 동안 나는 그 당시 판매고의 두 배를 기록하면서 우리 회사의 최우수 사원으로 뽑혔다. 히브리어로 된 상장에는 이렇게 쓰여 있었다.

"금년에 피터는 아시아 시장을 개척해서 발전시켰다. 피터는 원래의 목표를 두 배 이상 달성했을 뿐 아니라 그의 독특한 성실성, 철저함, 결단력 그리고 무엇보다도 그의 좋은 정신(spirit)으로 앞으로 몇 년 동안 이 시장에서 발전할 수 있는 탄탄한 발판을 마련했다."

나는 상을 받게 되어 기뻤다. 하지만 나의 이스라엘 동료들이 그들이 내게서 본 것이 나의 정신(spirit)이 아니라 성령님(Spirit of Lord)이었다는 것을 알았을까? 하나님 한 분만이 우리와 함께 일하는 이들에게 우리가 좋은 영향이든 나쁜 영향이든 미치고 있다는 것을 알고 계신다. 내가 확신하는 한 가지는 그때 기도를 통해 한국에서 옳은 협력업체를 선택할 수 있도록 인도해 주신 분이 바로 하나님이셨다는 것이다

Part Four

19 형상과 우상 숭배

우리는 과거에 교회가 포기했던 일터를 하나님 나라의 사람들이 되찾는 회복의 시대에 살고 있다. 믿는 사업가들은 오늘날 사업 문화의 애굽과 바벨론으로 진군해 들어가면서 현대적 우상들의 파워에 지배당하는 사업계 안으로 들어가는 하나님 나라의 전위대가 되었다. 영적인 전투가 없이는 승리를 쟁취할 수 없다. 사도 바울은 이렇게 썼다.

"우리의 싸우는 병기는 육체에 속한 것이 아니요 오직 하나님 앞에서 견고한 진을 파하는 강력이라"(고후 10:4). 여호수아가 이스라엘 민족을 이끌고 약속의 땅을 소유하기 위해 들어가듯이 믿는 사업가들 또한 오늘날의 사업 세계를 구속하기 위해 영적으로 강하고 담대해야 한다.

사도 요한은 이렇게 적고 있다.

또 아는 것은 우리는 하나님께 속하고 온 세상은 악한 자 안에 처한 것이며 또 아는 것은 하나님의 아들이 이르러 우리에게 지각을 주사 우리로 참된 자를 알게 하신 것과 또한 우리가 참된 자 곧 그의 아들 예수 그리스도 안에 있는 것이니 그는 참 하나님이시요 영생이시라 자녀들아 너희 자신을 지켜 우상에서 멀리하라(요일 5:19-21).

신약성경에 나오는 '세상(World)'이라는 말의 그리스어는 차례대로 잘 정돈된 또는 사물의 체계를 의미하는 코스모스(kosmos)이다. 현재 사용되고 있는 cosmopolitan(세계주의의, 국제적인)과 cosmetic(화장용의, 가지런한)이라는 영어 단어들이 바로 이 그리스어에서 왔다. 사도 요한은 이 세상은 마귀의 통치 아래 있고 믿는 자들은 이 세상에서 우상들의 영향력을 조심해야 한다고 말하고 있다. 우상들은 살아 계신 하나님에 대한 관심을 흐트러트리고 잊게 하는 이미지들이다.

첨단 기술을 가지고 있는 통신회사의 마케팅 이사로 있을 때 나는 거기서 광고와 기업 홍보를 담당했다. 나는 시장에서 회사가 가지고 있는 이미지의 힘을 배웠다. 경쟁이 치열한 시장에서 회사들이 가지고 있는 기술의 차이가 아주 조금 날 때가 있다. 물론 가격과 운송과 서비스가 계약의 중요한 요소들이지만 고객들은 우리의 회사 이미지를 믿고 사는 경우가 자주 있다. 이러한 이유로 우리 회사가 물건을 개발하고 만들어 나갈 때 우리의 이미지를 '만들어 갈' 전문 회사를 찾는 것이 필요하다는 것을 알게 되었다.

이러한 회사들은 광고, 언론 기사, 개인 면담과 특별 홍보를
통해 우리의 이미지를 인위적으로 만들어 간다.

이미지의 창조, 이용 그리고 조작이 상업 광고에만 국한되는
것은 아니다. 모든 사람들은 민주주의 정치가 정치인들의 대외
적인 이미지에 달려 있음을 알고 있다. 선거운동 책임자나 언론
분석가들과 전문가들은 '공보 담당관(spin doctor, 뉴스 등에 당
파적 입장, 정책 등을 전하는 사람 - 역자 주)' 이라 부르는데, 이
들은 정치적인 이미지를 창출하고 이용한다. 각 나라의 정부는
수십 억 달러의 예산을 들여 엄청나게 복잡한 무기체계를 만들
어 가는데 그들은 이러한 무기들이 사용되기를 바라지 않고 다
만 군사력으로 적을 쉽게 제압할 수 있다는 것을 보여 주는 데
목적이 있다. 연예 오락 산업은 사람들이 즐거움을 위해 구매하
고 사용하는 이미지를 만들어 내는 데 열심을 다하고 있다.

이미지는 인간으로서 우리가 어떻게 생각하는가에 대한 핵심
을 보여 준다. 이것은 이미지 없이 인간의 삶을 말할 수 없다는
것이다. 당신이 이 페이지를 읽고 있다는 단순한 행동은 당신의
생각 속에서 만들어낸 것들을 눈의 망막 위에 시각적인 형상으
로 구체화하는 것을 의미한다. 당신은 또한 물질적으로 존재하
지 않는 마음속의 것들을 볼 수도 있다. 상상(imaginary)이라는
말은 이미지(image)에서 왔다. 당신은 나의 말과 외모와 나에

형상과 우상 숭배

대해 알고 있던 이전의 것들을 가지고 나에 대한 이미지를 만든다. 나 또한 같은 방법으로 당신의 이미지를 만든다. 이러한 이미지는 우리가 친구가 될 것인가 그리고 사업에서 서로를 신뢰할 수 있는가와 같은 중요한 것들을 우리에게 말하고 있다. 소망하기로는 나에 대한 당신의 이미지가 정확하고 나 또한 당신의 정확한 이미지를 가지고 있었으면 한다.

더욱이 우리는 우리가 조심하고 소중히 여기는 우리 자신의 이미지가 있다. 이런 복잡한 이미지는 건강할 수도 있고 크게 변형되어 있을 수도 있다. 심리학의 어떠한 분야는 자기 인식만을 다루기도 한다. 우리 모두는 사람들이 잘못되고 불완전한 자아상(self-image)을 가지고 있다는 것을 알고 있다.

내가 말하고자 하는 것은 인류는 이미지를 창조하고 사용하고 그것을 믿는 신의 창조물이라는 것이다. 성경은 하나님께서 우리를 이와 같은 방법으로 만드셨고 우리는 그분의 형상(image)을 가지고 있다고 말한다.

> 하나님이 가라사대 우리의 형상을 따라 우리의 모양대로 우리가 사람을 만들고 그로 바다의 고기와 공중의 새와 육축과 온 땅과 땅에 기는 모든 것을 다스리게 하자 하시고 하나님이 자기 형상 곧 하나님의 형상대로 사람을 창조하시되 남자와 여자를 창조하시고(창 1:26-27).

하나님이 관심 두시는 사업

　그러나 죄는 우리 안에 있는 하나님의 형상(image)을 왜곡시키고 파괴했다. 우리는 그분의 형상대로 우리를 창조하신 하나님과의 관계를 잃어버렸다. 우리 자신은 공허한 이미지들을 가지게 되었고 진정한 의미와 영생이라는 형상(image)을 주시는 창조주로부터 떨어지게 되었다. 인간은 지구 위의 모든 생명을 다스리는 권위를 가지고 있었지만 죄로 인해 피조물에 대한 통치권을 상실했다. 사탄은 기회를 타서 우리의 어려운 입장을 사용해 우리를 속이고 파멸에 이르게 한다. 그의 악한 힘은 매혹적일 뿐 아니라 그는 세상적인 이미지를 사용해 우리의 마음을 하나님의 구속 계획으로부터 끌어당기고 있다.

　우상들은 그 자체로는 아무런 권능이나 생명이 없다. 그것들은 아무 의미 없는 텅 빈 형상(image)이다. 그러나 우상들은 우리의 육신 속에서 깊이 갈망하는 것들을 상징화해 우리가 그것들을 따르도록 유혹한다. 야고보도 신약성경에서 이렇게 말했다.

아담의 칠세 손 에녹이 사람들에게 대하여도 예언하여 이르되 보라 주께서 그 수만의 거룩한 자와 함께 임하셨나니 이는 뭇사람을 심판하사 모든 경건치 않은 자의 경건치 않게 행한 모든 경건치 않은 일과 또 경건치 않은 죄인의 주께 거스려 한 모든 강퍅한 말을 인하여 저희를 정죄하려 하심이라 하였느니라. 이 사람들은 원망하는 자며 불만을 토하는 자며

형상과 우상 숭배

우리의 연약함 때문에 우리 모두는 한두 번은 좌절하고 우상숭배에 넘어진다. 그리고 어떤 이들은 회복하지 못한다. 악한 영은 그들의 악하고 치명적인 의도를 문화적으로 세련되고 위험하지 않게 보이는 이미지 뒤에 숨기고 있다. 고대에는 사람들이 나무나 돌이나 쇠에 새겨진 형상(image)을 숭배했다. 오늘날의 사람들은 감각적으로 매력적인 것에는 물론 비싸 보이고 (컴퓨터가 만들어내는) 기술적으로 앞서가는 이미지의 힘에 자신을 내어 놓고 있다.

심지어는 하나님의 명령으로 제작되고 좋은 일에 사용되고 있는 이미지도 우상이 될 수 있다. 이스라엘 민족이 광야에서 헤매고 있을 때 독사의 공격을 받은 적이 있었다. 하나님의 백성들은 뱀에 물려서 고통당했고 죽어갔다. 그래서 모세는 주님께 해결책을 구했다.

여호와께서 모세에게 이르시되 불뱀을 만들어 장대 위에 달라 물린 자마다 그것을 보면 살리라 모세가 놋뱀을 만들어 장대 위에 다니 뱀에게 물린 자마다 놋뱀을 쳐다본즉 살더라(민 21:8-9).

모세가 만들었던 놋뱀은 하나님의 은혜와 치유를 나타내는 강력한 상징이었다. 심지어 오늘날 의사들은 자신의 직업을 나타내는 표시로 이 상징을 사용하고 있다. 모세가 만든 그 원래 놋뱀은 어떻게 되었을까? 모세와 히스기야와 유다 왕의 시대 후 700년이 지나서 사람들은 그 놋뱀을 없애야만 했다. 왜냐하면 그것이 우상이 되었기 때문이다.

> 여러 산당을 제하며 주상을 깨뜨리며 아세라 목상을 찍으며 모세가 만들었던 놋뱀을 이스라엘 자손이 이때까지 향하여 분향하므로 그것을 부수고 느후스단이라 일컬었더라(왕하 18:4).

이미지의 창조와 사용은 인간의 삶에 자연스러운 부분이다. 그리고 많은 이미지들이 하나님을 섬기는 데 사용되었다. 아름다움, 거룩함, 용기 그리고 윤리적인 힘의 이미지는 하나님의 성품을 쌓고 사람들에게 하나님을 예배하도록 영향력을 주었다. 반면에 중독성이 있고 건강한 인격을 파괴하는 음란하고, 폭력적이고 거짓된 이미지가 있다. 이것은 악한 행동을 하도록 한다. 이미지를 합법적이고 영적으로 건강하게 사용하는 것과 위험하게 사용하는 것 사이에는 도덕적으로 아주 모호한 부분들이 많이 있다.

사도 바울이 고대 아테네에서 마주친 것같이 현대의 사업계는

형상과 우상 숭배

우상들의 이미지로 가득하다. 형상이 가득한 현대적인 시장으로 간 것처럼(행 17장). 믿는 이들은 사업에서 우상 숭배의 영향력을 지각하고 저항할 수 있도록 영적인 분별력을 키워야 한다.

아메리카 온라인(America Online)과 타임-워너(Time-Warner)사가 합병한다고 2000년 1월에 발표했다. 이렇게 발표된 합병은 그 즈음 12개월 동안에 있었던 여러 건의 수십 억 달러 수준의 합병 발표 중에 하나였다. 만약 이것이 정부에 의해 승인된다면 이는 웬만한 나라의 1년 국내총생산(gross domestic product)보다 더 많은 가치를 창출하는 회사가 만들어지게 되는 것이다. 이것은 아메리카 온라인(AOL), 넷스케이프(Netscape), 컴퓨서브(Compuserve), 타임지(Time Magazine), 피플지(People Magazine), 워너브라더스 영화사(Warner Brothers Movies), CNN, HBO, EMI 레코드(비틀즈와 스파이스 걸이 소속된) 그리고 몇 개의 기업이 하나로 묶이는 것이다. 반면에 이것은 국적과 국경을 전보다 덜 중요하게 여기게 되는 앞으로 있을 사업계의 국제화를 보여 준다.

또 다른 한편 아메리카 온라인-타임-워너의 합병회사(AOL-Time-Warner)는 이미지의 재정적인 가치와 힘을 보여 준다. 그들의 상표(brand name)는 일반적으로 무엇을 가지고 있는가? 그들은 서로 다양한 의미와 여러 도덕 수준의 내용물들을 지닌 이미지를 서로 나눌 것이다. 뉴스 언론사, 영화사, 인터넷과 음

악 산업은 에베소서에서 사도 바울이 마주친 아르테미스 여신의 신당의 도공들과 공통적으로 중요한 무엇인가를 가지고 있다. 그들은 이미지를 만들고 생활을 위해 그것들을 판다.

나는 우연히 1992년에 잡지에서 오려놓은 글을 보게 되었다. 크리스티 털링턴(Christy Turlington)이라는 유명 패션 모델이 연간 175만 달러의 수입을 벌었다는 기사가 포브스 지(Forbes Magazine)(1992년 5월자)의 앞표지에 실려 있었다. 8년 후에 포브스 지는 수퍼 모델 클라우디아 쉬퍼(Claudia Schiffer)가 연간 9백만 달러를 벌었다는 기사를 넣다. 내가 궁금했던 점은 왜 패션업계에 비용이 이렇게 증가하고 있는가가 아니라 오히려 왜 이런 개인에게 그렇게 많은 돈을 지급해야 하는가 였다. 세상의 다른 편에선 사람들이 한 해에 90달러도 벌지 못하고 산다. 그런데 왜 서구 사회에서는 이 여성들의 사진을 찍는 대가로 그렇게 많은 대가를 주는가?

답은 서구 사회가 그들의 이미지를 팔아서 부를 쌓기 때문이라는 것이다. 그들의 사진은 창조되어 대중 매체를 통해서 수백만의 가정으로 전달되는 진정으로 값진 이미지이다. 젊은 사람이든 나이 든 사람이든 상관없이 전 세계 수백 만의 사람들이 그들의 이미지를 통해 영향을 받는다. 클라우디아 쉬퍼 같은 모델들은 다른 사람들에 비해 더 악하지도 덜 악하지도 않다. 그들의 이미지는 그 세대에 의해 단순히 우상처럼 사용된 것이다. 이러

형상과 우상 숭배

한 우상들은 세계 젊은이들에게 순응하도록 압력을 가한다.

우상의 영향과 신경성 식욕 부진(anorexia nervosa) 같은 섭식 장애(eating disorder) 사이에 직접적인 영적인 연관성이 있을까? 섭식 장애는 우울증과 낮은 자신감이 긴밀하게 연결된 복잡한 심리적 문제다. 전 세계 수백 만 젊은 여성들이 신경성 식욕 부진으로 고통 받고 있다. 이 식욕 부진 증세를 앓고 있는 어떤 사람은 항상 자신이 뚱뚱하고 못생겼다고 느낀다고 말했다.

그러다가 사람들은 자신의 몸무게가 너무 많이 나가기 때문에 정상적인 식사 습관을 포기해야 한다는 확신을 갖기에 이르렀다. 매년 마음의 고통 때문에 세계적으로 부유한 나라들에서 많은 사람들이 아사로 죽어가고 있다. 신경성 식욕 부진과 같은 병은 가벼운 몸무게에 대한 환상에 사로잡혀 있고 날씬한 몸매를 숭배하는 문화 속에 사는 사람들이 보이는 주된 특징이다.

또 하나의 뉴스는 최근에 완성된 인간의 유전자 지도이다. 인간 유전자 지도의 완성은 처음으로 과학자들이 인간의 신체 창조에 대한 기본적인 그러나 완전한 교본(instruction book)을 만들었다는 것을 의미한다. 기적의 치료, 신체 부위와 기관의 대체 그리고 심지어는 계획 출산도 가능해질 것이다. 그리고 이는 기술과 부의 문제이다. 앞으로는 지적 능력과 성격적인 특성뿐만 아니라 인간의 신체적인 부분도 조종이 가능해질 것으로 보인다. 미국과 세계 도처에 있는 회사들은 상업적으로 이용하기 위

하나님이 관심 두시는 사업

해 유전자 지도의 전체 또는 일부에 대한 특허를 출원하고 있다.

오늘날 다른 종류의 인간을 창조하기 위한 교본은 인간의 손에 넘겨졌다. 하나님의 형상인 인간은 자신의 형상(image)과 설계에 따라 다른 인간을 만들어 낼 것이다. 우리는 여러 세대 동안 치료하지 못했던 질병들을 치유할 수 있게 될 것이다. 산업은 또한 더욱 놀랄 만한 살아 있는 우상들을 만들어 내서 그것들을 팔 것이다. 다윗 왕은 하나님의 영으로 이런 예언적인 글을 썼다.

> 주께서 내 장부를 지으시며 나의 모태에서 나를 조직하셨나이다 내가 주께 감사하옴은 나를 지으심이 신묘막측하심이라 주의 행사가 기이함을 내 영혼이 잘 아나이다(시 139:13-14).

다윗 왕은 하나님께서 경배를 받으시기 위해 인간을 신묘막측하게(wonderfully made) 창조하셨다는 것을 알고 있었다.

사도 바울은 이렇게 이야기하고 있다.

> 스스로 지혜 있다 하나 우준하게 되어 썩어지지 아니하는 하나님의 영광을 썩어질 사람과 금수와 버러지 형상의 우상으로 바꾸었느니라 그러므로 하나님께서 저희를 마음의 정욕대로 더러움에 내어 버려두사 저희 몸을 서로 욕되게 하셨으니 이는 저희가 하나님의 진리를 거짓 것으로 바

형상과 우상 숭배

꾸어 피조물을 조물주보다 더 경배하고 섬김이라 주는 곧 영원히 찬송할 이시로다 아멘(롬 1:22-25).

사업하는 믿는 사람들이 할 수 있는 가장 강력한 일 중 하나는 사업계에서 하나님을 예배하는 것이다. 과학적인 발견과 첨단 기술은 모두 양날을 가진 칼과 같다. 이것은 하나님의 영광을 위해 사용될 수도 있고 우상과 악한 일에 사용될 수도 있기 때문이다. 믿는 자들은 소망과 구원과 영생의 메시지를 가지고 각자의 분야로 보내진 하나님의 대사들이다. 재능 있는 사람들과 아름다운 여성들과 뛰어난 운동선수들과 흥미로운 기술 그리고 거대한 부를 가지고 있는 현대 서구 문화는 위험한 교차로에 서 있다. 문제는 우리가 하나님의 말씀을 듣고 그분을 경배할 것인가 아니면 우상 숭배에 의한 속임수로 욕정과 폭력 속으로 더 빠져들어갈 것인가 하는 점이다.

이 세상이나 세상에 있는 것들을 사랑치 말라 누구든지 세상을 사랑하면 아버지의 사랑이 그 속에 있지 아니하니 이는 세상에 있는 모든 것이 육신의 정욕과 안목의 정욕과 이생의 자랑이니 다 아버지께로 좇아 온 것이 아니요 세상으로 좇아 온 것이라 이 세상도, 그 정욕도 지나가되 오직 하나님의 뜻을 행하는 이는 영원히 거하느니라(요일 2:15-17).

　최근에 보스턴에 있는 가드너 박물관(Gardner Museum)에서 거의 10년 전에 도난당했던 여러 그림들을 되찾으려고 한다는 기사를 읽은 적이 있다. 신문 기사에 따르면 잃어버린 그림들은 현시가로 3억 달러로 추정된다고 한다. 나는 왜 오래된 그림들이 이렇게 비싼가 하고 궁금해 했다. 진품인 예술 작품이 아무리 우리에게 기쁨을 준다고 해도, 단지 가난 때문에 고통 받고 죽어 가는 많은 사람이 살고 있는 이 세상에서 그것들이 그렇게 가치 있는 것일까? 어떤 나라들에서는 한 달에 겨우 몇 달러만 있으면 마을 전체에 복음을 전할 수도 있다. 지역의 전도자들을 후원하는 데 드는 비용의 전부다. 예술 작품이 영생을 가져다 주는 하나님의 말씀보다 더 가치가 있는 것일까?

　17세기 프랑스 철학자이자 수학자인 블레이즈 파스칼(Blaise Pascal)은 헌신된 그리스도인이었다. 사후에 출판된 그의 사상집인 〔팡세(Pensees)〕에서 그는 다음과 같은 글을 남겼다. "얼마나 헛된 그림인가! 원본을 보고도 감탄하지 않은 우리가 원본과 비슷하다고 감탄을 하다니." 이 말은 몇 년 전 반 고흐의 유명한 유화 작품 해바라기가 경매로 거래된 이야기를 떠오르게 했다.

　이 작품은 2천만 달러에 일본 보험회사에 팔렸다. 하나님 나라에서 예술이나 예술가들이 차지하는 가치를 폄하하고자 하는 의도는 없다. 그리고 그 작품들이 가치를 인정받아서 고가에 팔

201

형상과 우상 숭배

리는 것을 반대하는 것도 아니다. 다만 인간의 손으로 만든 작품들이 문화적 우상(cultural icon)으로서 극단적인 평가를 받는다는 것은 현대 우상 숭배에 이르는 허영심이라는 것이다. 당신이 엄청난 부를 쌓았거나 제법 소득에 여유가 있는 그리스도인이라면, 극히 가난한 나라들에서 일하는 지역 사역자들을 위한 기금을 마련한다든지 미전도 지역에서 하나님 나라를 알리기 위해 새로운 회사를 시작하는 믿는 회사를 돕는 일에 관심을 가졌으면 한다.

이러한 마지막 때에 사업계로 하나님의 부르심을 받은 이들에게는 구원자 예수님에 대한 초점을 맞추는 것이 점점 더 중요해지고 있다. 믿는 이들은 사업 세계에서 대성할 수 있다. 하지만 우리는 현대 우상을 섬기지 않으면서 이러한 일을 해내야 한다. 바벨론에 있었던 다니엘의 친구들은 느부갓네살 왕의 금상에 절하는 것을 거부했을 때 하나님의 축복을 받았다. 인간의 삶 가장 깊은 곳을 다스리는 영적인 원리가 있다. 사람들은 그들이 숭배하는 것들과 같아지기를 원한다. 우리가 살아 계신 하나님을 경배한다면 영적인 삶이 우리에게 흘러 넘치게 될 것이다. 그러나 우리가 우상을 숭배한다면 생명이 없는 삶을 살게 될 것이다. 시편 기자의 영감 있는 글을 읽어보자.

저희 우상은 은과 금이요 사람의 수공물이라 입이 있어도 말하지 못하며

하나님이 관심 두시는 사업

눈이 있어도 보지 못하며 귀가 있어도 듣지 못하며 코가 있어도 맡지 못
하며 손이 있어도 만지지 못하며 발이 있어도 걷지 못하며 목구멍으로
소리도 못하느니라 우상을 만드는 자와 그것을 의지하는 자가 다 그와
같으리로다(시 115:4-8).

우리의 믿음의 눈을 하나님의 온전한 형상(image)인 예수님
께 고정시키는 것이 우상의 거짓과 영적인 독소에서 빠져나올
수 있는 유일한 길이다. 예수님은 아버지 하나님을 나타내시는
분이다. 우리는 하나님의 깨어지고 무너진 형상(image)이다. 그
러나 예수님은 모든 인류가 원래 가지고 있었던 하나님의 형상
(image)을 고스란히 가지고 계신 분이다.

"그는 보이지 아니하시는 하나님의 형상이요 모든 창조물보
다 먼저 나신 자니"(골 1:15). 사업계에 있는 믿는 이들에게 좋
은 소식은 우리가 사업계에서 우상의 유혹을 거부하고 주님을
경배할 때 놀라운 일들이 일어날 것이라는 점이다. 우리는 하나
님을 통해 바뀌고 변하여 온전해질 것이다.

주는 영이시니 주의 영이 계신 곳에는 자유함이 있느니라 우리가 다 수
건을 벗은 얼굴로 거울을 보는것 같이 주의 영광을 보매 저와 같은 형상
으로 화하여 영광으로 영광에 이르니 곧 주의 영으로 말미암음이니라(고
후 3:17-18).

형상과 우상 숭배

일할 수 있을 때 일하라

Working While it is Still day

성경은 예수님의 재림이 가까워 올수록 악이 더 많이 창궐할 것이라고 분명히 말하고 있다. 그리스도인들은 이 세상에서 사업을 하기가 더욱 더 어려워질 것이다. 어느 날 거대한 사업계가 믿는 자들에게 막히게 될 것이다(계 13:17). 하나님의 심판이 이 땅에 임하게 되면 모든 상업이 멈추게 될 것이다(계 18:9-16). 믿는 이들이 사업계에서 일하며 동시에 하나님의 나라를 위해 일할 수 있는 이 때가 바로 나중에 닫히게 될 기회의 창이다. 예수님께서 날 때부터 소경이었던 자를 치유하시면서 하셨던 말씀은 오늘날 우리에게 시사하는 바가 아주 크다.

"때가 아직 낮이매 나를 보내신 이의 일을 우리가 하여야 하리라 밤이 오리니 그때는 아무도 일할 수 없느니라"(요 9:4). 지금이 바로 우리의 기회를 인지해서 쟁취해야 하는 때이다.

역사적으로 사업계가 전 세계적으로 이렇게 큰 영향력을 발휘한 적이 없었다.

　20세기에 있었던 자본주의와 사회주의에 대한 큰 논쟁은 소련의 몰락과 함께 종식되었다. 현대 기업들은 가장 강력하고 효과적인 형태로 인수 및 합병되고 있다. 각 나라의 국적을 가진 기업들과 심지어는 가족 구조가 무너지고 있는 상황에서도 곳곳에서 다국적 기업 형태가 도입되어서 확장되고 있다. 오늘날 자유무역, 국제 산업 그리고 대중매체는 전 세계적인 체제(worldwide system)를 마련하고 있다. 퓰리처 상 수상자인 토마스 프리드만(Thomas Friedman)이라는 작가는 자신의 책, 〔렉서스와 올리브나무(The Lexus and the Olive Tree)〕에서 "세계화는 경제에 대한 것만이 아니고 또한 그냥 한번 지나가고 마는 유행이 아니다. 이것은 국제 체제인데 베를린 장벽이 무너진 뒤 냉전 체제를 대체하는 지배적인 국제 체제이다"라고 쓰고 있다. 국제 경제에서 경쟁을 유도하고 있는 힘은 지역 문화의 변화를 압박하고 전통 가치의 형태에 변화를 가져오고 있다. 사업의 세계화라는 격랑 속으로 사업가들은 주님의 대 명령(Great Commission)을 완수하기 위해 복음을 전파하고 있으며, 근본적으로 도덕 관념이 결여된 사업 세계에서 '빛과 소금'이 됨으로써 진군해 나가고 있다. 사업의 국제화 물결은 하나님 나라의 전문 직업인(Kingdom Professional)이 미전도 종족에게 복음을 전할 수 있는 길을 또한 열어주고 있다.

과거에는 교회와 국가간의 관계는 논란의 대상이었다. 오늘날 사업은 현대 문화를 형성하는 데 조금씩 영향력을 키워가고 있다. 그 논쟁은 변하고 있다. 그리스도인들은 지금 어떻게 하면 사역과 사업을 통합시킬 것인가 고민하고 있다. 국제 경제에서의 사업과 주님을 위한 사역은 다른 목표를 가지고 있다. 그래서 다른 기술을 요구한다.

물질적인 이익을 얻기 위한 일과 하늘의 보화를 위한 노동 사이에는 항상 긴장감이 존재하는데 예수님께서 이 땅에서 성육신하셔서 희생적으로 사신 본보기가 이 두 세계를 연결시키고 있다.

하나님 나라의 전문 직업인들은 하나님 앞에서 그들의 고결성(integrity)을 지키며 긴장감 속에서 역할을 감당하도록 부르심을 받았다. 성령과 우리의 삶 안에 역사하시는 예수님의 자기 희생의 능력으로 사업계와 사역 모두에서 부르심을 받은 믿는 이들이 효과적으로 일을 감당할 수 있는 것은 복음의 좋은 소식이다. 그들은 타협할 필요도 없고 파산할 필요도 없다. 기도함으로 사업과 사역에 대해 올바른 개인적인 균형을 찾으며 기도함으로 우리를 부르신 하나님께 순종하게 된다.

사역과 통합된 사업은 초대교회들을 위한 주님의 의도였고 이는 모든 믿는 이들을 위해 그분이 원래 세우신 계획의 일부였다. 성경은 하나님의 사람들이 일터에서 일을 하면서 삶을 영위하는 것이 복음을 전하는 것과 구별되어 있지 않다고 말한다. 오늘날 교회에서 이러한 진리를 회복하는 것은 새로운 사고(思考)의 다양성을 필요로 한다. 사업과 사역을 다시 통합한다는 의미는 전통적으로 이것들을 나누는 벽을 허물고 새롭고 더 튼튼한 기초를 닦는 것을 의미한다. 이것은 또한 사업가들을 위한 급진적인 제자화 훈련과 현대 선교의 새로운 모델을 의미하는 것이기도 하다. 미전도 종족이 분포되어 있는 10/40 창에는 선교사들을 반기지 않는 많은 나라들이 있다. 그러나 그 중 많은 나라들은 사업가적 능력이 있는 믿는 이들에 대해서는 문들을 활짝 열어 놓았다.

세계 복음화라는 위대하고 끝나지 않은 사명을 이루기 위해서 우리는 사업을 사역에 통합하는 창조적인 방법을 찾고 하나님 나라의 전문 직업인들(Kingdom Professionals)을 군사로 일으켜야 한다. 이렇게 할 때 우리는 초대교회의 혁신적인 특징을 회복하고 다시 융통성 있고 성령의 인도하심을 받는 운동을 이끌어 나갈 수 있다.

이 운동의 능력은 하늘의 비전과 이 땅에 대한 새로운 전략을 통해 발휘된다. 하나님께서는 하나님 나라의 전문 직업인들(Kingdom Professionals)에게 목회자들에게처럼 높은 순수성이나 윤리적 탁월성을 기대하신다. 이러한 종류의 고결성(integrity)은 시험과 환난 속에서도 가난한 마음과 겸손함으로 나아가는 것을 의미한다. 사업가로서 나는 자주 타협을 하고 싶은 유혹을 받는다. 그리고 나는 여러 번 주님을 위한 복음 증거를 퇴색시키는 장소와 상황 가운데 나 자신이 서 있는 것을 허락하곤 했다. 우리가 변화되는 것은 타로 회개의 고통과 변화에 대한 헌신을 통해서이다. 믿는 사업가들에게는 이것은 의로운 길이고, 많은 이들은 진정한 제자도와 영적인 충만함에 이르기 전에 실족한다. 잘못을 고백하는 훈련과 서로를 책임지는 훈련을 통해서 그리스도인 사업가들은 고결성(integrity)을 가지고 서는 법을 배운다. 모든 믿는 자들은 하나님의 정결케 하시는 두려움의 가혹한 시련에서 살아남기 위해 다른 이들의 도움이 필요하다. 시편에서 다윗은 이렇게 노래하고 있다.

> 여호와를 경외하는 도는 정결하여 영원까지 이르고 여호와의 규례는 확실하여 다 의로우니 금 곧 많은 정금보다 더 사모할 것이며 꿀과 송이꿀보다 더 달도다(시 19:9-10).

믿는 사업가들은 전임 사역자들과 같은 왕국을 섬긴다. 우리 모두는 같은 왕을 섬긴다. 주님의 사람들 사이에는 거룩함에 대한 두 가지 기준이 있을 수 없다. 하나님 나라의 모든 이들은 성화(sanctification)되고 영적으로 제자화 되도록 부름을 받았다. 이것이 현대의 영적 부흥을 이끌어내기 위해 필요한 열쇠이다.

일할 수 있을 때 일하라

우리가 사업과 사역에 새로운 수준의 급진적인 제자도를 가져온
다면 하나님 나라를 위한 급진적 성장에 불을 지필 수 있다. 마
지막 때의 추수는 너무 거대해서 사업과 사역이 통합된 이중의
변혁과 제자화를 통한 진정한 변화가 없이는 우리는 우리 세대
가 직면하고 있는 임무를 완수할 수 없다. 주님은 교회와 모든
곳에 있는 많은 믿는 사업가들에게 새로운 도전과 과거에 요구
되었던 것보다 더 큰 비전을 받아들이라고 부르고 계신다.

성경의 말씀과 하나님의 영은 크리스천 사업가들에게 주님의
복음을 들고 세상으로 나가라고 말씀하고 계신다. 주님의 때가
가까워오고 있다. 하나님의 전략적 계획은 열방의 구원과 제자
화이다. 그리고 사업계에 발을 딛고 있는 믿는 이들은 전 세계에
걸쳐 하나님의 목표를 이루기 위해 중대한 역할을 감당할 수 있
는 기회를 가지고 있다. 전체 사업계는 세상적인 부의 축적과 분
배에 대해 하나님 앞에서 책임이 있다.

하나님 나라의 우선 순위는 모든 곳에 있는 믿는 사업가들을
일으키고 격려하여 지상 대명령(Great Commission)을 전심으
로 완수하도록 참여시키는 것이다.